普通高等教育工业设计专业规划教材

工业设计初步

Preliminary of Industrial Design

主　编　刘永翔
副主编　李培盛　冯庆辉　尹建伟
参　编　刘蘅　陈沛
主　审　张乃仁

机械工业出版社
CHINA MACHINE PRESS

本书为普通高等教育工业设计专业规划教材。全书共6章，系统介绍了工业设计概念、主要领域、发展历史与现状、知识体系与技能素质、企业活动与设计创新、人才培养与教育模式、前沿资讯信息等多方面专业知识内容。本书将专业基本知识和专业学习发展结合起来，从不同的角度为学生进行阐释，并提供了相应前沿的设计案例。全书内容精要概括，图文结合，侧重专业学习入门引导。

本书主要作为高等院校工业设计、艺术设计以及其他产品设计类专业的教学用书，也可作为成人教育、高职教学和科普教育的参考用书。

本书的电子课件位于机械工业出版社教材服务网（www.cmpedu.com）上，向本书授课教师免费提供。

图书在版编目（CIP）数据

工业设计初步/刘永翔主编.—北京：机械工业出版社，2011.2
（2025.1重印）
普通高等教育工业设计专业规划教材
ISBN 978-7-111-32402-7

Ⅰ.①工⋯　Ⅱ.①刘⋯　Ⅲ.①工业设计—高等学校—教材
Ⅳ.①TB47

中国版本图书馆CIP数据核字（2010）第213707号

机械工业出版社（北京市百万庄大街22号　邮政编码100037）
策划编辑：冯春生　责任编辑：冯春生
版式设计：张世琴　责任校对：赵　蕊
封面设计：张　静　责任印制：常天培
北京机工印刷厂有限公司印刷
2025年1月第1版第5次印刷
210mm×285mm·9.25印张·207千字
标准书号：ISBN 978-7-111-32402-7
定价：55.00元

电话服务　　　　　　　　　网络服务
客服电话：010-88361066　　机　工　官　网：www.cmpbook.com
　　　　　010-88379833　　机　工　官　博：weibo.com/cmp1952
　　　　　010-68326294　　金　书　网：www.golden-book.com
封底无防伪标均为盗版　　机工教育服务网：www.cmpedu.com

普通高等教育工业设计专业规划教材编审委员会

主　任　赵　阳　中国美术学院

副主任（按姓氏笔画排序）

曲延瑞	北京工业大学	张　昆	中国矿业大学
张玉江	燕山大学	陈传文	南昌大学
高炳学	北京信息科技大学	熊兴福	南昌大学

委　员（按姓氏笔画排序）

马良书	北京航空航天大学	方　强	浙江树人大学
王　昀	中国美术学院	王明治	南京工程学院
卢纯福	浙江工业大学	宁　芳	中国矿业大学
宁绍强	桂林电子科技大学	石小滨	北京信息科技大学
任成元	天津工业大学	关　阳	上海大学
刘　新	清华大学	刘永翔	北方工业大学
刘春荣	上海交通大学	朱宏轩	青岛理工大学
闫笑一	浙江理工大学	吴　晨	河北理工大学
张慧姝	北京联合大学	杜立鹏	太原科技大学
杨　松	东北大学	陈国强	燕山大学
林　伟	福州大学	赵　震	河北理工大学
郝文胜	青岛科技大学	高力群	河北科技大学
舒余安	南昌大学	戴　端	中南大学

秘　书　冯春生　机械工业出版社

前　言

伴随着自主创新与设计创意产业的日益兴起，工业设计作为支持和带动制造业发展变革的一个学科领域，越来越受到社会、政府的认可和重视。2007年，温家宝总理在中国工业设计协会理事长朱焘呈送的《关于我国应大力发展工业设计的建议》上做出了"要高度重视工业设计"等批示……以此为契机，工业设计正在各个地方政府和企业机构的关注下，焕发出了生机蓬勃的第二次发展高潮，工业设计教育和院校办学也逐渐开始进入到深入探索阶段。

与此相对应，工业设计知识和理论的普及已经成为一个迫在眉睫的社会任务。2009年，北京市科学技术委员会委托北京市DRC工业设计创意产业基地进行的"工业设计科普教育平台"建设，旨在加大和促进工业设计在社会、企业和民众中的普及了解力度，取得了很好的效果。

本书作为针对工业设计专业入学新生学习的规划教材，正是在这种情况下编写而成的。教材在编写之前曾经进行过充分的调研，了解到与《工业设计初步》相近教材较少，很少侧重入门阶段的知识掌握和兴趣培养，更缺少关于专业发展、学习和就业等问题的探讨，资讯信息也略显陈旧。相比较而言，本教材力求精化原有课程理论体系和内容构架，整合专业最新知识和发展趋势，结合工业设计人员工作内容，对其基础理论和相关体系作概要阐述，使学生在接触专业初期，就能对专业学习、社会就职以及相关的专业体系有一个基本了解。

全书共6章，围绕工业设计基本概念、发展、知识素质、企业操作和前沿资讯等若干方面逐渐展开，力求与同类教材相比具有三方面的特色。第一，理论阐述与例证辅助有机结合，侧重突出实例演示教学；结合工业设计最新趋势，引用案例，对相关理论和知识体系作了解性的概要阐述，使学生在生活示例深入分析中逐步了解专业性质与内容。第二，充分强调专业学习的应用性和延续性，增加企业实务与教育知识模块；增加对企业设计工作内容和专业学习深造的介绍，并结合最新发展动态给学生以建议性指导，使学生在专业学习初期就可以进行长远的职业选择和学习深造规划；同时，对学生就业也可以产生有益的引导作用。第三，每章后增加问题思考，剖析专业学习中的常见问题。

本书由北方工业大学刘永翔任主编，李培盛、冯庆辉、尹建伟任副主编，参加编写的有北方工业大学刘永翔（第1章）、李培盛（第2章）、尹建伟（第3、5章）、冯庆辉（第4章和第6.1、6.2节），重庆工业职业技术学院刘蘅（第6.3、6.4节），北方工业大学陈沛（第6.5、6.6节）。本书由北京理工大学张乃仁教授主审，他提出了许多宝贵意见，在此对他的辛勤工作和大力支持表示感谢。

由于编者水平和学识有限，书中难免存在缺点和不足，衷心期待读者批评指正，更希望使用本书的老师和同学们，把好的建议和想法反馈给编者，让更多学校能分享你们的宝贵经验。

编　者

目 录
CONTENTS

前言

第1章 工业设计概述 ······ 1
1.1 工业设计定义 ······ 2
- 1.1.1 "设计"的理解与应用 ······ 2
- 1.1.2 工业设计 ······ 5

1.2 工业设计主要领域 ······ 10
- 1.2.1 产品设计 ······ 10
- 1.2.2 信息传达设计 ······ 13
- 1.2.3 展示与装置设计 ······ 14

思考题 ······ 18

第2章 工业设计发展历程与现状 ······ 19
2.1 艺术变革与现代设计 ······ 20
- 2.1.1 工业革命与艺术变革 ······ 20
- 2.1.2 包豪斯与现代主义设计 ······ 30

2.2 国外工业设计现状 ······ 35
- 2.2.1 欧洲主要国家工业设计的发展现状 ······ 36
- 2.2.2 美国工业设计的发展现状 ······ 45
- 2.2.3 亚洲工业设计的发展现状 ······ 48

2.3 我国工业设计的发展与现状 ······ 51
- 2.3.1 工业设计的引入与认识 ······ 52
- 2.3.2 制造业创新与工业设计发展 ······ 53

思考题 ······ 54

第3章 工业设计从业知识体系与技能素质 ······ 55
3.1 工业设计中的工程技术 ······ 56
- 3.1.1 工程技术基础知识 ······ 56
- 3.1.2 人机工程与社会学知识 ······ 62
- 3.1.3 工业工程与市场营销学 ······ 65

3.2 艺术素质与审美能力 ······ 67
- 3.2.1 工业设计的艺术素质构成 ······ 67
- 3.2.2 审美能力的后天培养 ······ 71

  3.3 生活体验与观察能力 ······················· 74
    3.3.1 设计源于生活体验 ······················· 74
    3.3.2 技术革新与艺术时尚在观察中整合 ··············· 76
  3.4 设计师的社会责任与职业使命 ··················· 77
    3.4.1 设计师的社会责任 ······················· 77
    3.4.2 设计师的职业使命 ······················· 77
  思考题 ································· 79

第4章 企业市场活动与设计创新 ·················· 81
  4.1 企业中的工业设计活动 ······················ 82
    4.1.1 工业设计与企业 ························ 82
    4.1.2 工业设计与市场 ························ 88
  4.2 工业设计与企业产品创新 ····················· 91
    4.2.1 技术型工业设计创新 ······················ 91
    4.2.2 文化型工业设计创新 ······················ 91
    4.2.3 个性化工业设计创新 ······················ 93
    4.2.4 人机工程工业设计创新 ····················· 94
  4.3 企业产品创新中的文化特征塑造 ·················· 96
  思考题 ································· 98

第5章 工业设计教育 ························ 99
  5.1 国外工业设计教育概况 ······················ 100
    5.1.1 美国现代设计教育状况 ····················· 100
    5.1.2 欧洲主要国家现代设计教育状况 ················· 102
    5.1.3 亚洲国家工业设计教育发展与现状 ················ 109
  5.2 我国工业设计教育发展现状 ···················· 111
    5.2.1 起步时期的工业设计教育探索 ·················· 111
    5.2.2 制造业发展催生大设计趋势 ··················· 112
  思考题 ································· 114

第6章 工业设计资讯常识 ······················ 115
  6.1 当代知名设计师及其作品 ····················· 116
    6.1.1 马克·纽森 ·························· 116
    6.1.2 贾斯伯·莫里森 ························ 118
    6.1.3 喜多俊之 ··························· 119
    6.1.4 深泽直人 ··························· 121
  6.2 国内外设计公司介绍 ······················· 123
    6.2.1 美国IDEO ··························· 123

6.2.2　德国青蛙设计公司 …………………………… 125
　　6.2.3　MOTO设计团队 ……………………………… 127
　6.3　企业工业设计活动 ………………………………… 128
　　6.3.1　飞利浦 ………………………………………… 128
　　6.3.2　索尼 …………………………………………… 130
　6.4　世界著名工业设计奖项 …………………………… 131
　　6.4.1　德国iF ………………………………………… 131
　　6.4.2　德国红点（red dot Award）………………… 132
　　6.4.3　美国IDEA奖 ………………………………… 132
　　6.4.4　日本G-Mark ………………………………… 133
　6.5　主要设计网站 ……………………………………… 133
　　6.5.1　国内主要设计类网站 ………………………… 133
　　6.5.2　国外主要设计类网站 ………………………… 135
　6.6　主要设计杂志 ……………………………………… 136
　　6.6.1　德国《form》 ………………………………… 136
　　6.6.2　意大利《domus》 …………………………… 136
　　6.6.3　意大利《Auto & Design》 ………………… 136
　　6.6.4　日本《AXIS》 ………………………………… 137
　　6.6.5　我国《Design产品设计》 …………………… 137

参考文献 ………………………………………………… 138

第 1 章

工业设计概述

本章教学目的：通过对设计相关概念和社会责任的介绍，使学生对工业设计定义和工作内容有所掌握，并对工业设计主要领域涉及的内容和工作对象形成基本的认识和了解。

本章学习重点：了解设计的应用与社会责任，掌握工业设计的定义与工作内容，明确工业设计涉及的主要领域和相应的基本现状。

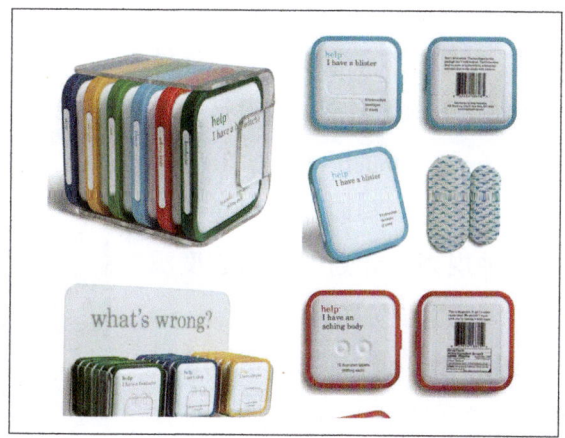

1.1 工业设计定义

1.1.1 "设计"的理解与应用

人们在日常生活与工作中常常使用"设计"一词，但在概念上却较为模糊，含义也相对广泛。例如，某物品设计新颖，造型美观，是将设计理解为外部设计及装饰；某物品设计科学，结构合理，则将设计看成是内部结构与功能的简单合一。平常人们常说的动脑筋、想办法、找窍门等也可以说是对设计的一种表达。

从远古造物神话、传说中可以发现远古人类关于造物的思想、方法以及对造物的认识。如"观物取象"既是创设图形符号和文字的方法，又是当时人们的一种设计观；进而造物的目的是"通其变，使民不倦，神而化之，使民宜之。"这些设计的思想和造物的方法，不是"纯神话"的夸张描写，而是真实的历史记录。《周易》书中记载："古者包牺氏之王天下也，仰则观象于天，俯则观法于地，观鸟兽之文，与地之宜，近取诸身，远取诸物，于是始作八卦，以通神明之德，以类万物之情。作结绳而为罟，以田以渔。""包牺氏没，神农氏作，斫木为耜，揉木为耒，耒耨之利；""神农氏没，黄帝、尧、舜氏作，通其变，使民不倦，神而化之，使民宜之。……"它揭示了中国设计史上第一个设计师包牺氏及其设计：八卦和渔网；也揭示了以包牺氏为首的设计者群体，包括神农氏、黄帝、尧、舜诸位人物，他们传承有续，各自有不同的使命和设计创造，从农具到车、船、弓矢以及居室和书契（图1-1）。值得注意的是他们不仅创设了器物，而且也创设了使用的方法及其要达到的目的。

由此可见，设计活动自古有之。正如当代日本设计大师原研哉在《设计中的设计》阐释："设计就是通过创造与交流来认识我们生活在其中的世界。好的认识和发现，会让我们感到喜悦和骄傲。"曾任教于世界著名设计学校包豪斯、后来创立美国著名芝加哥设计学院的莫霍利·吉纳（Laszlo Moholy-Nagy，1895—1946）说："设计不是一种职业，它是一种态度和观点，一种规划（计划）者的态度观点"。德国乌尔姆造型学院教师利特（Horst Rittel，1930—1990）也曾说："设计是包含规划的行动，目的是为了控制规划的结果。它是很艰难的智力工作，并且要求谨慎的、广见博闻的决策。它不总是把外形摆在优先地位，而是把有关的各个方面会产生的结果综合起来进行考虑，不但包括制造、适应手部形状，易于

图1-1 描绘包牺氏与女娲及先民劳作场景的画像石

操作、感知,而且还要考虑经济、社会、文化效果。"

1. 设计的定义

所谓设计,即"以假定之观念及思维先行处理后,透过某种表述方法,制定其拟施行之策略",通常指有目标和计划的创作行为、活动,在艺术、建筑、工程及产品开发等领域起着重要的作用。简单表述,设计就是一种有目的的创造行为。

我国现代汉语词典中将"设计"解释为正式做某项工作前,根据一定的目的和要求,预先制定方法、图样等。"设计"一词,在英语中称"Design",有许多解释,其中译成"图案"可能来自拉丁语Designare(动词)或Design(名词),意思是指"将计划表现为符号,在一定的意图前提下进行归纳"。在美国专利关系上,小写字母开头的design相当于图案,大写字母开头的Design相当于意匠,稍有微妙差别。按牛津词典的解释,设计"是指为了完成某项工作而制定的一种计划和意向"。美国著名科学家、诺贝尔奖获得者赫伯特·西蒙(Herbert Alexander Simon,1916—2001)认为:"设计是一种为使存在的环境变得美好的一种活动,设计好比是一种工具,通过它能使创意思想、新技术成果、市场需要和企业的经济资源转化成明确的、有用的结果和产品。"日本广词苑词典中将汉字"设计"解释为进行某项制造工程时,根据其目的,指定出有关费用、占地面积、材料以及构造等方面的计划,并用图样或其他方式明确表达出来。其中心含义与我国汉语词典中"设计"的释义相差不多。

这一系列概念,对"设计"定义的论述虽然有所差异,但就设计本质从广义上来说,有着相同的内涵,因而对于当今的设计活动有着普遍的指导意义。同时也揭示,随着工业技术的发展,经济的繁荣,人类所从事"设计"的中心不再是装饰、图案,而逐步转向对创造物的材质、结构、功能和美的形式的综合性统一,反映出工业化大生产前提下对设计的要求,同时反映出消费者(使用者)在生理、心理上对设计的要求(图1-2)。将设计看成是一种综合性的计划行为。

如果把设计的含义进一步扩大,在形式和内容上适用于各个不同领域,可以将设计看成是一种针对目标问题的求解活动,或者是从现存事实转向未来可能的构思和想象。

2. 人类造物活动与设计责任

人类社会处在各种各样的物质包围之中。为了自身的生存和发展,人类不能满足于大自然所提供的物质形态,而必然不断地进行创造。设计是创造活动的第一步,人类在创造社会物质文明的同时也促进了设计领域的发展和完善。

生存和发展始终是人类社会的两大基

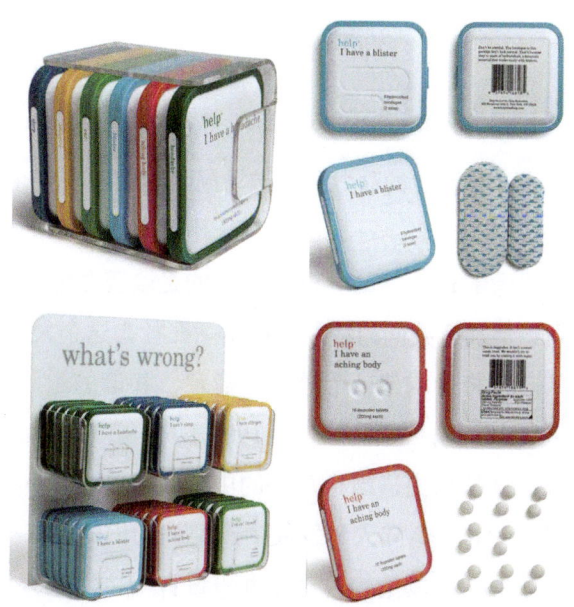

图1-2 符合消费者使用心理的产品设计

本主题。在解决基本生存问题之后，人们考虑的首要问题就是自身的延续和发展。当今，设计已经成为人类行为和生活的重要内容，成为人类社会活动的重要组成部分。社会的持续发展有赖于资源的支持与人际的和谐，设计在其中所起的作用不容忽视。回顾人类设计的历史，可以发现人类在享受现代设计文明的同时，也逐渐导致了设计带来的人与自然的疏离，以及设计活动对自然环境的不良影响与破坏。设计作为"针对一定目标的求解和决策过程"，其理念和方法与特定时代的技术、经济和文化状况密切相关，其变革演化一直存在于现代设计的形式和发展过程中。从18世纪工业革命开始，伴随生产和销售，设计被作为扩大消费和市场，为企业赢得利润的工具，加剧了环境资源的无节制使用和浪费。在当前人们的基本需求大多已得到满足的社会环境下，设计的目的应当是"改善生活"而非"满足欲望"。人类的需求具有不可控性和较强的差异性，过分强调满足需求，会张扬人的欲望，破坏环境，浪费资源。设计的出发点应当是社会问题的本身，设计是为了解决问题，而不应再以消费者的欲望满足为基点。如图1-3用废弃物和再生材料制作的日用品和家具，在满足人们需求的同时，又不会对环境造成破坏，并有效节约了材料和能源。

图1-3　用废弃物和再生材料制作的日用品和家具

设计必须把保障促进社会持续发展作为基本原则，尝试向消费者传达正确的价值观和人生观；将设计的动力跳出市场局限而定位于整个社会的健康发展，增强人类实施设计对社会的规划与控制力。一方面，设计是类似于艺术的创造性活动；另一方面，它又是一种具有逻辑性思考的理性活动。设计的目的是改善生活，并立足于人类生活。每个人所处的社会状态不同，但拥有共同的特点，都生活在社会这个大环境中。通过设计，改善不同层面的人们的生活状态，将会构建一个健康、稳定、和谐的生活环境。美国著名设计师和设计理论家巴巴内克（Victor Papanek，1927—1999）在1983年出版的《为了人类的设计》一书中指出："大多数的设计是为先进国家富裕的中产阶级的中年人而实施，设计师们无视残疾人、贫困者、弱智者、幼儿、老年人和发展中国家的人们的存在……"。正如2007年、2008年连续两年在美国举办的"为其他的百分之九十设计"主题展强调：减少为占世界人口10%的人提供的高端设计，关注为满足其他90%的人生活需求的设计，这也是设计的一种理性回归。

信息时代是一个设计的时代,是设计的作用和地位真正得以在社会生活中显现的时代。然而,设计作为一个系统,只是整个地球生态圈运动中的一个环节,必须顺应并起到保护生态系统环境平衡与和谐的作用。

1.1.2 工业设计

正如前面所介绍,设计自古有之。但随着社会的发展、科技的进步,设计开始逐渐细分、丰富、完善为许多分支或学科领域,更多表现为解决物与物之间关系的工程设计,以及解决人与物关系的工业设计。工程设计,如机械、电子电路、化工等设计,着重解决机械或器具的性能问题,这些性能无疑是为人服务的,但相对远些,是间接的。而工业设计是一种横向学科,是指以工业产品为对象的造型设计活动,是以区别于手工业产品或工艺美术品的设计活动。"工业设计"是工业化发展的产物,倾向于满足人们的直接需要和产品能安全生产,易于使用,降低成本以及合乎需要的方法上,从而它能使产品造型、功能、结构和材料协调统一,成为完善的整体。它不仅满足使用需求,也能提供文化审美营养。随着世界工业与科技的不断发展,它的内容也在不断地更新、充实,应用领域也逐渐在扩大。

1. 工业设计定义

工业发展和劳动分工所带来的工业设计,已成为以现代工业化生产为基础的新兴实用学科。与其他的艺术活动、生产活动、工艺制作等都有着明显的不同,它是各种学科、技术和审美观念相交叉的产物。参照"设计"的定义与理解,可以从理论和现实意义层面对工业设计有所认识。

在理论意义层面,工业设计是为达到某一特定目的,从构思到建立一个切实可行的实施方案,并且运用明确的手段表示出来的系列行为。它包含了一切使用现代手段进行生产和服务的设计过程,并且利用交叉融汇的科学将"工业"与"设计"有机结合起来,完成从需求创意化到产品商品化的整个流程,是市场经济下成功创造产品和服务的系统方法。

在现实意义层面,工业设计是科技成果转化链条中的关键环节,是市场主体参与竞争、创造价值的有效途径。

成立于1957年的国际工业设计协会联合会(ICSID)在1980年举行的第十一次年会上公布的修订后的工业设计的定义为:"就批量生产的产品而言,凭借训练、技术知识、经验及视觉感受而赋予材料、结构、构造、形态、色彩、表面加工以及装饰以新的品质和资格,叫做工业设计。而且,当需要工业设计师对包装、宣传、展示、市场开发等问题的解决付出自己的技术知识和经验以及视觉评价能力时,也属于工业设计的范畴。"

这个定义中,体现了几个方面的内容,也正是工业设计活动所必须具备的条件。

(1)目的与参与生产模式 工业设计是以为他人服务为目的的,从这一点上讲,它与艺术表现有着根本的区别。艺术创作不仅只是美学原理的运用过程,而且主要以自我表现为特征。而设计反映的往往是社会的意志、用户的需求。工业设计的对象是工业化批量生产的产品,区别于手工业时期单件制作的手工艺品(图1-4)。它要求必须将设计与制造、销售与制

图1-4 单件制作的家具与工业批量生产的椅子

造加以分离,实行严格的劳动分工,以适应高效批量生产。

(2)组织性与系统性 工业设计是有组织的活动,是通过专业训练方可参与的,这与传统手工艺的个体操作、尝试摸索有着本质的区别。工业时代生产的大批量和强技术性,不可能由一个人单独完成,为了把需求、设计、生产和销售协同起来,就必须进行有组织的活动,发挥劳动分工所带来的效率,更好地完成满足社会需求的最高目标。

(3)研究和完成的主要内容 工业设计的定义中非常明确地提出了提升产品品质问题。工业设计强调技术与艺术相结合,其目的是满足人们生理与心理双方面的需求,是实用性能和审美效用双方面的。工业设计在逐步深入人类生活中,更加扩展到对于环境与社会的积极效应。

(4)工作对象与内容的延伸性 工业设计的工作对象不局限于产品自身,而是围绕产品服务与使用者展开的一种规划活动。随着社会发展、需求演变、技术进步,这种规划活动具有明显的时代性。

总之,工业设计的中心议题是如何通过对产品的综合处理,增强其外形质量,便于使用,从而更好地为人民服务。正如ICSID前主席亚瑟·普洛斯(Arthur J.Pulos,1917—1993)所言:"工业设计是满足人类物质需求和心理欲望的富于想象力的开发活动。设计不是个人的表现,设计师的任务不是保持现状,而是设法改变它。"

2.大设计趋势下的工业设计

设计作为"针对一定目标的求解和决策过程",其理念和方法与特定时代的技术、经济和文化状况密切相关,其变革演化一直存在于现代设计的形式和发展过程中。随着社会进步和技术发展,设计的内容和对象区分越发精确和细致。作为现代设计代表的工业设计也正经历着一种观念的巨大转折和社会支持的历史变革,进而在一种可持续发展的大设计背景下形成自身的发展趋势。

工业设计发展的趋势是融入到整个社会的各个方面,并受其影响,主要表现在以下几个方面:

(1)环境资源趋势下的工业设计 发展是人类永恒的主题。可持续发展的概念涉及人口、资源、环境和经济发展等各个方面,而环境资源保护则是其中的关键症结所在。在漫长的人类设计史中，工业设计为人类创造现代生活方式和生活环境的同时，也加速了资源、能源的消耗，并对地球的生态平衡造成了极大的破坏。特别是工业设计的过度商业化，使设计成了鼓励人们无节制消费的重要介质。人类对于自然资源无节制地开发利用，一方面由于人口的增加引发总体资源消耗扩大，另一方面在于人均物资消费量的增加导致个体生存资源消耗增加。节约资源、保护环境成为人类可持续发展的基本保证，因此，环境标准就成为塑造消费行为和生活方式的重要因素，这也使引导消费和改造生活的设计研究更加关注资源的有效利用。

同时，随着市场全球化，环境资源保护已经渗透到国际贸易当中，企业长远发展在一定程度上将取决于其环保行为。由此促使企业在设计开发中导入可持续发展观念和环境保护意识，并将其上升成为指导企业整体经营战略的核心思想。如今，可持续发展的观念正逐渐成为人类社会的共识，综合考虑政治、经济、社会、技术、文化、美学等方面，提出整合的解决办法。正是在这种背景下，工业设计的"绿色"观念与发展趋势应运而生——强调设计应该关注解决有限地球资源的使用问题，并为保护地球的环境服务。图1-5是宣传绿色设计的海报，体现了绿色设计的3R原则（Reduce，Reuse，Recycle），即减量化、再使用、再循环原则。其核心在于在设计阶段就将环境因素和预防污染的措施纳入产品设计之中，将环境性能作为产品的设计目标和出发点，力求使产品对环境的影响为最小。

图1-5　宣传绿色设计的海报

（2）社会人口老龄化趋势下的工业设计　马克思曾说："任何人类历史的第一个前提无疑是有生命的个人的存在"。如果说自然环境是社会赖以存在与发展的基本条件，作为社会主体和基础的人口，则是社会存在和发展的首要前提。以人口与社会的可持续发展为目的，人口与经济的可持续发展为基础，人口与资源环境的可持续发展为前提，才能最终实现人口与社会、经济、环境的全面可持续发展。

《2007世界经济和社会概览》指出，随着人口死亡率的降低、生育率的下降和寿命的延长，世界人口的年龄分布正发生深刻变化，老龄化已成为一种普遍现象，世界上大多数国家的人口正在迅速步入老龄化阶段。

目前，全世界有六十多个国家进入了人口老龄化社会行列，60岁以上老年人口总数已达六亿多。我国改革开放以来，由于经济发展，社会与医疗条件改善，人口政策的实施，加快了老龄化的进程。国家统计局人口和就业统计司2007年全国人口变动情况抽样调查数据显示，我国65岁及以上人口占全国总人口的比重达到8.1%，比较可以看出，我国人口老龄化仍处于快速发展阶段，老年人居住和生活等养老问题需要更加关注。

人口老龄化的形成，是社会经济发展影响人口发展过程的必然产物，同时反过来也将对社会经济发展产生深刻的影响。从可持续发展理论看,一定程度的人口老龄化不可避免,社会必须给老龄群体以相应的地位,协调好同其他人群之间的关系。同时,也应该重新考虑逐渐增大的老龄人群对于环境资源的特殊性影响,以解决特殊人群的平等需求与可能由此导致的资源过度消耗这对矛盾问题。

老龄化社会的年龄结构变化广泛而深刻地影响着社会生活的各个方面,由此带来的社会稳定、资源利用以及伦理等问题,都为现代设计提出了新的责任与目标(图1-6)。重新审视产品设计的人群定位,从更为包容和长远发展的角度进行设计思考,利用设计来规划社会未来存在方式和资源利用结构,促进人类可持续发展。

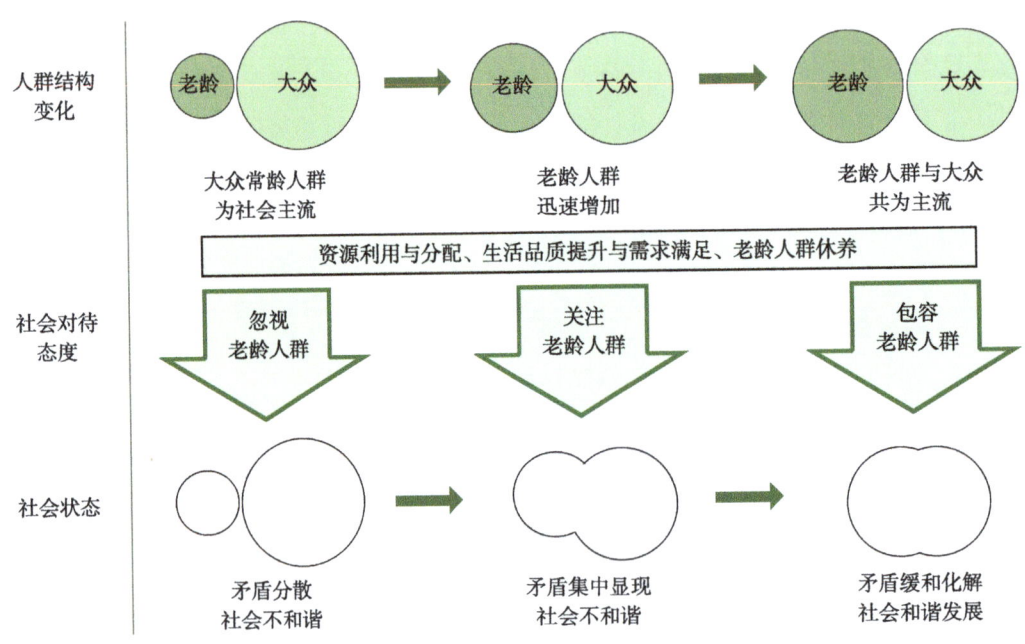

图1-6 关注人口老龄化对社会状态的影响

(3)文化全球化趋势下的工业设计 文化是一种社会现象,也是人类在社会历史实践过程中所创造的物质与精神财富的总和,它反映社会的一定历史阶段上,在技术进步、生产经验和人们的劳动技能方面,在教育、科学、文学、艺术以及相适应的设施方面所达到的水平。工业设计是有鲜明的时代特征,它反映出不同时代、不同地域、不同民族的物质生产水平、意识形态和生产方式。工业设计本身就是文化的产物,因为它通过特有的方式传达技术的物化美,也体现商品社会中文化的价值取向,它倡导设计师去开创人类新的生活方式,新的生活环境,以提高人们的生活质量。与众不同的产品设计,让消费者在使用产品时尝试到了新的体验,传达了设计师对特有的社会物质文化的全新阐释(图1-7)。

进入21世纪,在中西文明大碰撞中,任何一个国家都开始对自己民族的传统文化进行反思,并很大程度上调整了以前对传统文化的看法。对于全球化下文化的存在与发展,不应该从单一的角度去解释文化之间是冲突,是趋同,还是融合,而是应该把这些问题联为一体,站在

图1-7　衣领造型的挂钩、带拉链的杯子、如影随形的杯垫和杯子

宏观的视角上把握文化的发展方向。"海纳百川，有容乃大"，"和而不同"，"和实生物，同则不继"，应是设计在文化发展背景下的一种趋势和追求。实践证明，文化含量高，知识面广是推动社会经济的两大重要因素。因而，构建工业设计的文化支点，是一项先进的科学的系统工程。

文化多元并存、共同繁荣发展是整个人类文明所追求的。由此可见，在自身传统文化上继承、借鉴与创新，并主动融入世界文化，是中国今后工业设计发展的必由之路。

（4）经济发展与促进中的工业设计　20世纪70年代轰动整个世界的经济事件，就是日本经济的腾飞。而日本能够与美国、欧洲经济相抗衡的一个重要原因在于：日本政府从20世纪50年代引入工业设计之后，始终将其作为日本经济发展的战略导向和基本国策。国际经济界一致认为："日本经济力=设计力"。

发达国家的工业设计发展史表明，当人均GDP达到1000美元时，设计在经济运行中的价值就开始被关注。当人均GDP达到2000美元以上时，设计将成为经济发展的重要主导因素之一。当社会进入以创新领导实现价值增值的经济发展阶段时，工业设计就会成为先导产业，成为创新资源、增加社会财富、增强综合国力的重要组成部分。企业通过设计，可以强化和提升该企业的商品力、销售力和形象力水平。随着信息时代的到来，物理距离被数字技术有效拉近，新技术能很快传播并为人所用，成为人类社会的共有财富，各企业之间的竞争主要是设计的竞争。成功的企业，不一定就是最新技术的发现者和研制者，而是将产品迅速投入市场的先行者。正如美国前总统布什所说："倘若美国打算保持和加强自己在竞争中的地位，不仅必须不断发展新技术，而且必须学会不断将这些新技术有效地转变为商品"。

当今企业面临的最大难题就是如何持续发展。企业持续发展的前提是必须出现指导其走出过去、决胜未来的战略方法。2001年12月11日，中国正式加入世界贸易组织（WTO），开始面对全球化竞争的冲击，国内企业无不寻找对应之策，而对于如何掌握消费者多元、多变的消费需求，更是企业产品是否具有市场竞争力的关键。目前我国企业面临的问题就是产品升级，产业链的整合是当务之急，要从低端的制造业向高端的设计源头迈进。日本制造业成功的经验，就是在工业设计上投入1美元，即可产出1500美元。因此，将工业设计看做经济发展的"绿色引擎"，是未来中国企业获得持续竞争力、创造巨大经济价值的必然选择。

1.2 工业设计主要领域

由于工业设计在各个国家发展经历有别,工业设计所覆盖的区域在各个国家也有所不同。如英国把染织服装设计、平面设计、陶瓷与玻璃器皿设计、家具与家庭用品设计、室内设计、机械工程产品设计都归入工业设计的领域;对于美国人来说,其内容更为广泛,他们把所有关于人与物品发生关系的设计,都称为工业设计。随着社会发展和科技进步,数字时代的工业设计范畴也越来越广泛,已经逐渐脱离具体的物质对象,开始向生活文化、生产营销和技术工程之间的问题解决渗透,并成为其中的重要角色。

以下结合国内近年工业设计发展现状和社会职业人才需求,将工业设计从设计对象角度做了一个基本划分。

1.2.1 产品设计

1. 产品设计的定义与范畴

人们常常会把工业设计和产品设计两个概念相混淆。事实上,工业设计所涉及的领域要远比产品设计广泛,服务设计、系统设计、交互设计以及产品设计都属于工业设计范畴。那么,究竟什么是产品设计呢?狭义地理解,产品设计是一门创造性的活动,它是根据设计师的设计思维,以绘图、草图、模型或样品的方式来创造一个物品。如果从市场的角度来看,产品设计则是通过对人们生活方式以及市场的理解,创造出满足人们生活和生产需求的物品。无论是个体性的创造活动还是市场化的商业行为,产品设计都脱离不开实物的材料、形式和功能,它是有别于网络产品或者其他服务产品的一种设计活动。换言之,在工业设计领域,普遍称谓的产品设计实质上是现实生活中物质功能的创造活动,它的根本目的是满足人们的不同需求。

产品设计涉及的领域比较广泛,除了包括大多数人平时接触的消费电子产品、家用电器、家居产品、汽车工业之外,其他专业领域的工业产品也囊括在内,比如医疗器械、重工机械、军工机械等产品,如图1-8所示。产品设计的门类繁多,这也决定了产品设计师在未来择业的多样化和专业化。

2. 产品设计的主要内容

产品设计是一种企业商业行为,其目的是通过了解并解决市场需求而获得利益,无论是小的家用产品还是大的工程机械都是企业为满足社会需求而进行的设计创造。所以说,产品设计可以简单地理解为商业活动中对社会需求的发现,并提出满足这种需求的可行方案。产品设计作为一种商业活动,有着自身的程序与方法,每个企业或者设计公司在生产实践中总结出自己的设计方法,并用此方法来指引其设计实践活动。我国台湾设计师陈文龙曾以精练的语言概括了产品设计中的主要内容以及相关程序,他认为产品设计的开发可以划分为三方面内容:问

第1章 工业设计概述

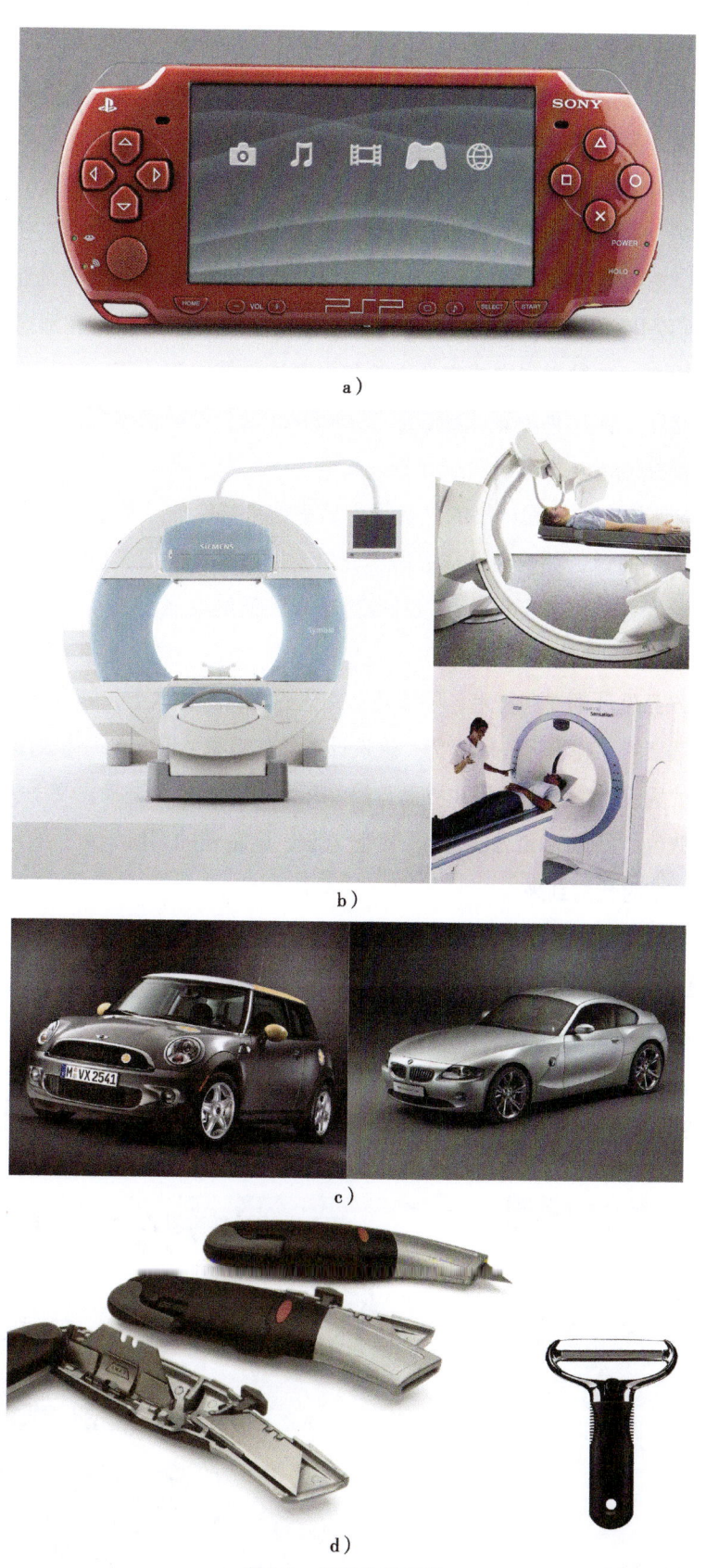

图1-8 各类产品设计

a）索尼PSP游戏机　b）医疗器械产品设计（siemens系列医疗产品）
c）汽车设计（左：mini cooper；右：bmw Z4）　d）Smart Design设计的0×0好把手系列产品

题概念化、概念可视化和设计商品化。

（1）问题概念化　是指针对将要设计的产品作全盘的了解，透过信息收集与市场调查，去探询市场上同类产品的竞争态势、销售状况及消费者使用的情况。这一阶段设计师主要做出产品企划书，并对产品技术发展趋势以及功能特性有一定的理解，在此基础上还应该针对竞争对手产品的分析、流行趋势以及消费者使用情景等分析研究活动来加强对整个设计项目的认识，并最终得出"市场定位"、"目标客户"等设计目标，以此作为他们设计的概念。

（2）概念可视化　是将形成的设计概念转变成可视化的产品结构和形态，并通过二维和三维的方式表现出来。二维表现方式包括手绘和平面软件的绘制（Photoshop、Illustrator），而三维方式则包含了三维软件表现（Pro/E、SolidWorks）和实物模型，通过这样的方式便于设计师和客户之间交流以及方案的筛选评价。

（3）设计商品化　是将设计出的产品投产后进行市场销售。但这之前要经过产品设计师与结构设计师之间的商讨，并对原型样品做出评价。所以这一阶段实际更是对产品可行性和可实现性的考查检验，并最终决定是否可以转化为市场流通的商品。

3.产品设计发展新趋势

每个时代的产品设计都受到技术、经济乃至文化的影响。技术上，随着计算机科学技术的发展，产品设计由原来的"硬设计"转变为"软设计"。如苹果的iPhone手机打破了过去手机设计只关注造型和样式的设计路线，将用户界面与操作行为等因素融入进来，使手机在操作上有了新的体验。又如微软的"Microsoft Surface"平面电脑、诺基亚的"Morph"纳米概念手机，都预示着产品设计下一个时代的到来。

图1-9中的"Microsoft Surface"平面电脑是一个由微软开发、结合硬件与软件的新技术，用户可以直接用手或声音对屏幕做出指令，不再需要鼠标和键盘。这种产品通过人的手势、触摸和其他交互方式与电脑进行沟通，改变了人-机之间的信息交互方式，同时也弱化了产品造型设计，使界面成为设计的中心。

图1-10中的诺基亚Morph是一款纳米技术手机，在操作按键以及交互方式上都给人以耳目

图1-9　微软的"Microsoft Surface"平面电脑

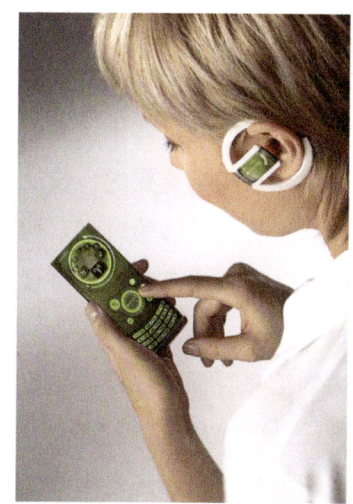

图1-10 诺基亚设计的纳米概念手机Morph

一新的感觉。同时，Morph是柔性的，可以自由转变成各种形状。在设计上，Morph摆脱了传统的手机造型模式，采用新型材料和电子技术来凸显产品的交互界面，使界面设计在整个设计中占据了主导作用。

技术的进步使人机交互模式有了质的改变，传统的旋钮和按键由感应触摸屏取代，人们只要通过对界面的图形操作便可以完成实现操作的目的。设计的焦点由产品的外观走向产品的界面。同时，经济的富裕让人们追求个性的展现，定制化服务、个性化设计也渗透到产品设计各个层面。未来主义大师托夫勒就曾预言，未来的世界将是一个定制化的世界，人们追求个性的体验和亚文化特征，到如今，这种预测已经得到应验。家具可根据家庭具体的位置和面积进行个性化定制，消费电子产品可以通过不同外壳的选择进行个性包装，游戏玩家也可以根据需要来制作自己想要的主机箱了。

1.2.2 信息传达设计

1.信息传达与媒体种类

工业设计伴随着工业化社会的进步而产生和发展，随着信息时代的到来，人们的观念和需求将出现新的特征，工业设计的形式和内涵也发生着深刻变化：逐渐由传统设计模式转变为以现代信息技术为依托和主要对象的信息设计。

信息设计是一门研究信息传达有效性的科学和艺术活动，其目的在于使信息传达更方便、准确和易识别。在信息化时代，宽带网络使信息不再缺乏，重要的是如何构架和汇总信息让人们更有效地获取，而这种架构和汇总单靠技术本身是解决不了的，必须对相关媒体进行系统设计才能够实现。所以人们开始关注信息传达的方式，并希望能通过设计的方法来解决有效传达问题。

信息设计可以被简单地理解为信息架构与信息可视化两个方面。架构是为了更合理地组织纷杂的信息，使信息有分类、有条理。信息架构是一门让复杂变为简单清晰的艺术，它普遍存在于生活中，也许你会不经意间去对身边的信息进行分类和架构，比如，写购物清单可能会按照购买物品的种类或者个人需要来分类；参编作者可能会按照姓氏笔画或者首写字母来分类；逛淘宝网站可能按照价格或者品牌等模式来进行产品搜索。可想而知，如果没有这些信息的架构方式，人们的生活可能会一团糟。同样，信息的可视化也是相当重要的，设计师可以通过简洁优美的信息界面为用户创造和谐的交互方式，使其产生更美的体验过程。网页设计、图形界面设计都是对信息界面的美化和信息传达优化的设计活动，也是信息的可视化创作过程。

信息设计其实是沟通信息与人之间的桥梁，设计师编译要表达的信息，而受众群体则是接受有用的信息。所以在设计师与接受者之间，必须存在一个怎样设计作品所依附的媒介。随着技术的发展，信息媒介也在不断地扩大并发生着改变，无论是智能化产品，还是网络传播中的网站构建，都越来越离不开良好的界面设计（图1-11）。技术的发展和信息的膨胀，使得信息结构变得越来越复杂，一个信息空间内部结构如何设计，繁多的信息类别如何管理，不同的信息如何区分，同类信息如何分类分层，以及单一页面上的信息结构如何安排等诸多问题，都是信息设计所关注的。

信息设计的就业领域也相当广泛，影视动画、数字娱乐、网络游戏、交互界面设计、公共信息设施设计以及数字图书馆等行业都需要信息设计方面的人才，所以很多国家都开始重视这门学科，并逐步将其概念和结构科学化、产业化。

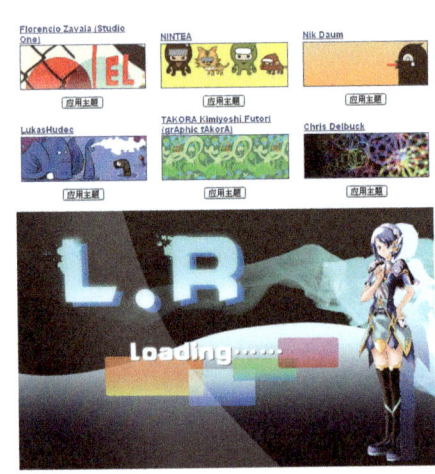

图1-11　网站与游戏界面设计

2.信息传达设计的特殊性

信息传达设计的目的性很明确，就是方便人们的交流和知识传递。传达目的的完成不仅要求设计师有着信息分类和架构能力，同时也需要有图形语言表达能力，这在设计的能力培养上是区别于传统工业设计的。但是信息作为一种产品和设计对象，又与传统工业设计密不可分，用户的潜在需求需要设计师有很好的市场调研能力；界面的可用性需要设计师具备很好的用户行为研究能力；信息界面的美化需要设计师具有很好的形态和色彩运用能力。这些也都是一个出色工业设计师应该具备的能力，所以很多工业设计师被吸纳到信息的交互和信息的可视化工作中，成为信息传达设计领域的主力军。

1.2.3　展示与装置设计

展示设计是展览与陈列的视觉艺术，是一项面对公众，以传达商业或者经济、文化、艺术等内容信息的传达设计。它是在约定的时间和空间范围内，通过对空间以及平面的艺术创作，使其产生独特的空间氛围，并能使观众参与其中，达到完美沟通的目的，起到宣传和传达作用。

由于展示内容和目的的不同,国内外对展示的理解和分类有着很大的差别。尤其是随着技术进步,展示媒体不断扩展,展示设计的内涵和外延较之过去也发生了巨大变化。

从大的方面,展示设计可分为商业性展示和文化性展示,包括了博物馆陈设、展示会、展销会、博览会、商业展示、演示会以及庆典环境等多种具体形式。

在舞台剧中,为了衬托整个场景的气氛,通过舞台的设计以及灯光、影像、音乐等手段来促使人们快速融入到整个剧情里面,增加剧情的真实性和感染力。展示设计也是如此,设计师是展示设计活动的"导演",他们对整个空间进行规划与布局,使展示空间成为展示物品的舞台,展示物品在舞台上向人们传递该物品的具体特性以及社会价值。同时,配合灯光、影像和声音等辅助装置帮助观众更好地融入到展示氛围中,提高体验质量。在展示设计中,展示空间的艺术表现和有效组织以及展示装置是反映展示物品特性的主要内容。由此,展示设计就包括了展示物、场地空间、观众和时间四个要素,好的展示设计无非就是处理好这四者之间的关系。

1. 展示效果设计

在展示设计中通过各种综合设计手法,运用空间规划、平面布置、灯光控制、色彩配置等手段,营造一个富有艺术感染力和艺术个性的展示环境,并通过这一环境,有计划、有目的、符合逻辑地将展示内容展现给观众,力求使观众接受设计者计划传达的信息以达到展示的最终目的。在展示设计中,展示空间的艺术效果也就成为设计中的重点。

2010年上海世博会是继北京奥运会之后的中国又一大全球性的交流活动。严格意义上来讲,世博会就是一项大型的展示活动,人们通过对各个国家展馆和展厅的参观来了解不同国家和地区的经济、科技、文化乃至历史。展馆和展厅从侧面可以反映地域和区域文化的不同,所以各个国家和地区把相当大的精力花费在展馆和展厅设计上,设计师通过不同的空间表达形态来阐释地方文化并将其寓意于空间设计中,使人们在空间的穿梭中体验到不同的地域特征,这便是世博会的魅力所在。图1-12是上海世博会丹麦馆的设计,展馆的空间设计简单而强调功能性,呈螺旋上升的展馆空间使得功能空间划分既有序又充满了艺术渲染力,人们可以在展馆里通过螺旋的走道欣赏到丹麦的生活以及经济文化。

对于展示设计而言,世博会只不过是一个典型的特例,在现实生活中还可以遇到很多不同的展示类型,博物馆的文物展示、商业会展中的产品展示、橱窗设计里的服装展示乃至水果摊上的鲜果摆放都是展示艺术。

展示设计更像是一门形态构成,它不仅融入了立体空间艺术,同时也将平面以及色彩艺术等审美形态融入在内,创造出影响人们心理情绪的综合艺术空间。所以在展示设计中不但要重视展示的空间性,也应该考虑展示界面的平面性,只有将两者有效地结合起来才能共同创造出参展人群的心理体验。

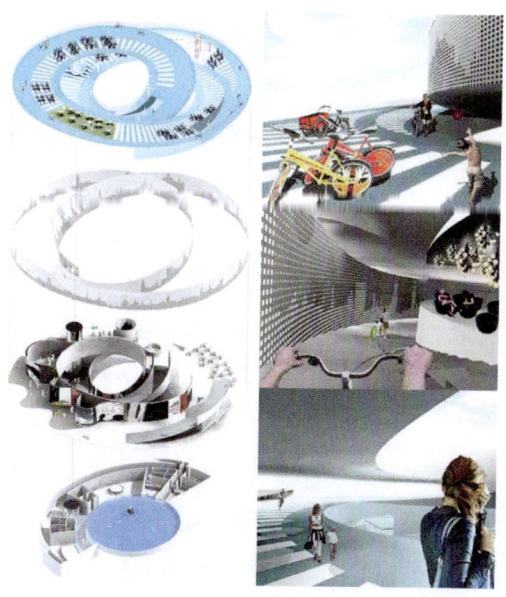

图1-12 2010年上海世博会丹麦馆空间造型

香奈儿移动艺术展览馆（图1-13）是由扎哈·哈迪德（Zaha Hadid）为香奈儿公司（Chanel）设计的白色流线型展览馆，其造型呈几何形状的环形曲面，圆形的环面形成最基本的展览空间，再往周边伸展，为参观者带来置身其中的感受，正好与展览产生互动效果。这样的展示空间可以随处移动，打破了过去固定场景下的展览设计，在场馆造型以及展览空间上都有所突破。

2.展示装置设计

展示装置也被称为展示道具，它是指展示活动中所使用的器具。展示装置既是维护空间组合、承托陈列展品、吊挂张贴指示说明和保护展品等具有展示功能性的设备，又是使观者直接感受的界面实体。所以展示装置更具有审美的功能，其造型、结构、材料、质感、表面效果及制作工艺可直接影响展示风格，制约设计主题，是展示设计中重要的构成要素之一。随着会展业的发展，人们对于展示道具设计的要求越来越高，对其审美价值也给予了更多的关注。

展示装置的形式是多样的，凡能对展品起到承托、围护、吊挂、张贴、摆靠、隔断以及指示方向、说明展品等作用的都属展示道具范畴。如果按照材料来分，可以分为木材、金属以及人工合成材料等；按照结构来分，可以分为梁架类、积木类、充气类以及帐篷类等；如果按照展示装置功能来分，大致分为展架、展板、展柜、展台以及空间隔断等设备。它们在展会或者展厅的展示活动中发挥了很大的作用。图1-14演示的是服装展示中的展架设计，主要是通过展架来吊挂衣物，以此进行效果演示。而图1-15中展架的功能是平面海报或者商业广告的张贴，易折叠易运输，成为大型会展中不可或缺的展架之一。展台在展示设计中也占据了举足轻重的作用，它是承托展品事物、模型、沙盘以及其他装饰物的重要展具，其形式也是灵活多变的，图1-16是车展中展台的设计。除此之外，展示设计

图1-13　香奈儿移动艺术展览馆

图1-14　服装展示中的展架设计

图1-15　展板中的展架设计

图1-16 车展中展台的设计

a）自行车展览中的展台 b）车展中汽车的展台

中还需要屏障类道具进行空间的划分以及护栏和标牌底座，它们在展示展览的空间中占据着主体位置，承托着陈列品，同时通过对空间的分割烘托着气氛。

在展示空间中，光效设计对展示设计的空间效果也有着格外重要的作用，它对完善空间功能、营造空间气氛以及凸现展品效果起着至关重要的作用。光效设计也可以被称为照明设计，它的作用不仅仅是用来照亮产品，更重要的是光效设计可以确定整个展示空间的风格和特色，凸现商业展示主体形象。从图1-17a及图1-17b的演示中可以发现，由于光照效果的不同，把两种空间渲染成两种不同的气氛，增添了空间的性格；图1-17c通过照明系统来凸现首饰产品，使其成为舞台的主角，同时也方便人们对其细节的观察，这也是照明设计的重要作用。

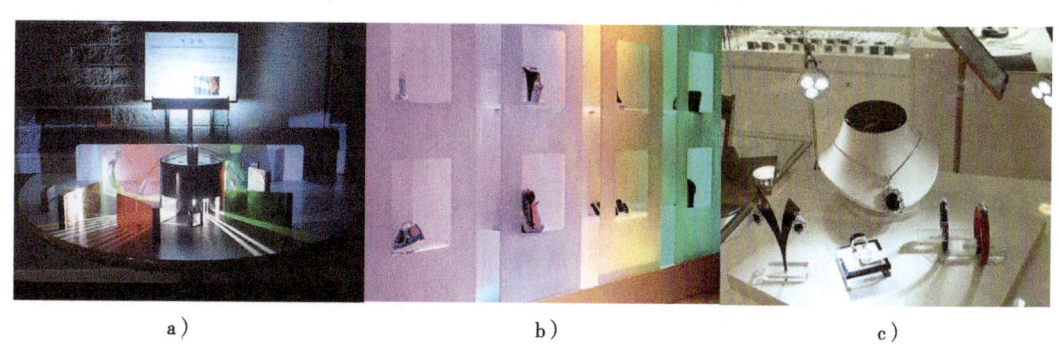

图1-17 光效设计

3.环境指示系统设计

指示系统是指在特定环境中，为了解决人在空间中寻找目标路径的问题，通过标识形成一套统一而且连续的引导体系，这样的标识总和形成导向标识系统，简称指示系统。比如机场的导识系统告诉旅客所处的位置、想去何处以及相应的最短路线，达到快速引导人流，以此提高机场服务的运转效率；城市交通需要指示系统以提醒驾驶员车速和道口等信息；公共空间需要导识图和导识标向游客传达周围的环境，如图1-18所示。好的指示系统能够帮助观众快速而准确地寻找到自己的目标，而缺乏设计的指示系统则会给观众带来恶劣的体验感受。

工业设计初步

图1-18　路道指示牌

图1-19　墨尔本中心指示牌设计

指示系统存在于很多公共空间中，园林、超市、地铁、展览馆、医院、街道等公共空间都有指示系统的存在。指示系统最为根本的功能用途是对生活空间的引导，尤其是对不熟悉所处环境的人来说就更为重要。所以，指示系统应当传达准确的空间信息，如同一张地图，把各个场所、设施的地理位置准确、清晰标明。这就要求设计师能够制定出一套科学合理的视觉表述语言，能够让受众快速识别空间信息，找到自己的目标场所。同时要求设计者在指示系统的图标设计上注意信息传达的准确性，避免歧义的产生。比如一个烟斗的图形，有时表示吸烟室，有时表示休息室，甚至还有时表示男卫生间，意义表达很不确定。所以，指示系统的图标设计非常关键。

如图1-19所示是墨尔本中心的指示牌设计，指示牌在色彩上与室内环境相匹配，同时使用图形语言的方式来传达方位信息。

以上所列工业设计领域虽有限，但不表明工业设计参与社会生活、生产的有限性，恰恰相反，工业设计随着自身不断完善发展，正在衍生出越来越多的相关领域和范畴。有资料参考近年国外主要设计奖项（iF、IDEA、G-Mark）论坛讨论内涵，列出了以下工业设计的相关派生范畴：

管理与经营：设计管理、设计公司经营、设计经纪人、设计评奖机构、设计中介机构、工艺设计化（现代商品化）……

经济：设计品牌价值精算、设计力、设计形象商品、设计品牌……

交通：街道家具设计、公共标志设计、交通设备设计、人孔盖设计、水沟盖设计、交通机具……

建筑：建筑五金设计、室内五金设计、照明灯具设计……

社会学：展望设计、产品使用者心理、产品的社会影响、文化（民俗）产品（如庙器）、设计方法学、设计语意……

艺术：工业美学、质感、设计流派、设计风格、装饰艺术产品、各产业实务图学、产品文化、设计元素、设计工具……

环境：绿色产品、节能设计、园艺产品设计、生产流程……

法律：设计抄袭、专利、协同开发流程、安全规范……

健康：医疗产品设计、辅具设计、通用设计、婴幼设计、餐具设计……

机构设计：各产业实务力学设计、流体（散热）设计、架构（回路）设计……

材料：特殊材料、材料加工、材料特性、材料估价、材料生产、材料声学……

思考题

1.工业设计与传统设计的定义区别何在？它有什么样的社会发展趋势？

2.工业设计领域主要涉及哪些？你在生活中是怎样接触和理解的？

3.尝试结合自身的生活经验，谈谈对工业设计的直观体验和认识。

第 2 章

工业设计发展历程与现状

本章教学目的：对工业设计发展历程的学习，使学生了解工业设计在人类历史不同时期对社会物质文化现象的反映，熟悉各种设计流派、设计组织和代表性设计师，进一步理解工业设计的含义，理解社会历史发展对设计的影响，正确认识世界工业设计的发展趋势和中国工业设计的未来方向。

本章学习重点：了解工业革命以来的艺术变革与现代工业设计的演变，理解包豪斯设计教育体系的建立及对现代设计的影响，熟悉世界各国工业设计发展的特色和现状，认识我国工业设计与经济发展的关系。

2.1 艺术变革与现代设计

18世纪中叶，以蒸汽机的发明为标志的工业革命把人类带入了机器时代，带来了生产力的巨大发展和社会阶级结构的变化。英国人瓦特改良蒸汽机之后，由一系列技术革命引发了从手工劳动向动力机器生产转变的重大飞跃。工业革命随后传播到整个欧洲大陆，19世纪传播到北美地区。

工业革命使人类社会实现了从传统农业社会转向现代工业社会的重要变革。工业革命使机器代替了手工劳动，工厂代替了手工作坊，是现代工业设计诞生的源头。

2.1.1 工业革命与艺术变革

19世纪是一个充满活力的变革与进步的时代，这种进步的自豪感至今仍然能在英国城市街道中看到。各个阶层的人们可以通过这个时代的新发明：铁路、摄影、电报、汽车、电话和飞机，体验到社会的进步。伴随着生产的发展和新材料、新工艺的出现，人们对艺术和设计的评判标准变得莫衷一是；日益壮大的工人阶级和资产阶级的矛盾也受到社会的普遍关注，通过实用艺术来改善工人的生活状况的呼声得到艺术家和建筑师的响应；纯艺术和实用艺术的地位问题被广泛争论。

古典的艺术标准伴随着急剧膨胀和分化的市场而支离破碎，折中主义盛行。这激起了艺术家、建筑师、作家、企业家乃至政治家强烈的改革热情，以图改变现状，寻求一种新的设计标准和原则，在设计和现代社会之间建立一种更为和谐的关系。

19世纪上半叶，设计革新者反对当时流于肤浅和乏味的所谓"时尚"，激烈批评设计美学和道德的缺失，他们极力赞扬中世纪的哥特式艺术所体现出的统一风格，希望借古典的灵感来启迪当代的设计和装饰艺术。英国建筑师帕金（Augustus Welby Pugin，1812—1852）是复兴哥特风格最有力的倡导者。帕金出身于建筑师世家，家庭及宗教信仰使他对哥特式风格倍加推崇。他在1841年的《尖拱门建筑或者基督教建筑的真实原则》一书中提到："建筑的特色应该从属于建筑的结构或者功能上的需求。""建筑所有的装饰都应该由建筑结构本身的丰富性组成。"帕金提倡建筑和装饰设计遵循"真实性原则"，产品应该体现"美与功能的和谐"。他在1849年设计的面包盘被认为是哥特复兴风格的代表作品，如图2-1所示。盘子使用了哥特式的植物装饰纹样，其中的一圈麦穗使人联想到面包盘的使用功能，外围哥特体的文字——反对欲望、反对浪费，很好地体现了帕金的价值观和美学标准。对帕金来说，哥特式的复兴是美好的艺术道德的代表，能够促进艺术、设计乃至社会的变革，它的理念得到维多利亚时代多数艺术家的认同。

由于贸易逆差的问题，英国政府也开始关注设计的革新，1836年国会出台一份政府报

第2章 工业设计发展历程与现状

告,并成立了一个专门委员会来促进艺术教育,改进英国产品在海外的竞争力。作为英国艺术家、政府官员的亨利·柯尔(Henry Cole,1808—1882)在艺术革新运动中扮演了举足轻重的角色。他极力在工人阶级中推广艺术鉴赏,出版了一批有影响的设计图集,期望通过艺术教育提高民众的审美情操,从而改善英国的产品设计水平。柯尔和他的朋友们成立了"萨莫雷艺术加工厂",从事设计艺术实践。柯尔设计了一套深受好评的茶具,如图2-2所示。通过对大英博物馆的希腊瓷器研究,柯尔在茶壶上设计了带有中世纪古典风格的水嘴,这倒使得茶具整体效果不太协调了。这也体现了柯尔对于设计的基本看法,它以一种较为开放的心态兼容并包地接受各种风格流派,而不像帕金那样唯独推崇哥特式风格。

图2-1 帕金设计的面包盘

1851年,英国政府在伦敦的海德帕克(Hyde Park)举办了19世纪最著名的设计展览——"水晶宫"博览会,也就是第一届世界博览会,其名字得自于展览会所在的建筑。这座由建筑师帕克斯顿(Joseph Paxton,1801—1865)设计的建筑全部采用铁和玻璃预制件建成,各部分构件都充满了工业化和机械化的特点,如图2-3所示。"水晶宫"博览会被看做是对工业革命后的新技术和新发明的庆贺,大规模的、华丽的产品和气势恢宏的展览场景

图2-2 柯尔设计的茶具

图2-3 "水晶宫"博览会的室内景观与全景

工业设计初步

令参观者看到了未来世界的美好幻境,连维多利亚女王参观时都感到"充满了虔诚"。

但当时的一些艺术批评家甚至展览的组织者对这些产品并不十分满意,他们认为展品缺乏统一的美学标准,情趣水准普遍较低,装饰奢华的家具和日用品没有体现任何与时代相符的设计理念。多数展品没考虑到美与实用的融合,这背离了举办这次展览的目的。

"水晶宫"的出现曾轰动一时,人们惊奇地认为这是建筑工程的奇迹。博览会结束后,"水晶宫"被移至伦敦南部的赛登汉重新装配,1936年毁于大火。

"水晶宫"是20世纪现代建筑的先声,是世界上第一座用金属和玻璃建造起来的大型建筑,在现代设计的发展进程中占有重要地位。但"水晶宫"中展出的内容却与其建筑形成了鲜明对比。"水晶宫"博览会中另一个至今仍然存在的形式是1852年建立的制造业博物馆。它本来是作为设计师们的教学基地,后来亨利·柯尔在此基础上建设了南肯辛顿博物馆,展示装饰艺术作品以提高公众艺术品位,1899年改名为维多利亚·阿尔伯特博物馆。现在,这个博物馆拥有世界上最大的装饰艺术设计的收藏。

1.工艺美术运动

作家和批评家约翰·拉斯金(John Ruskin,1819—1900)在参观了"水晶宫"博览会后,对于博览会建筑和其中的展品表示了极大的不满。他对机械化进行了严厉谴责,认为机器使劳动变得要么易如反掌要么呆滞愚钝,使得产品变得完全一致,丧失了手工艺制品所具有的独特个性。他认为只有幸福和道德高尚的人才能制造出真正美的东西,而工业化生产和劳动分工剥夺了人的幸福感和创造性,因此不可能产生好的作品,而且还会引发众多社会问题。他和帕金的观点类似,认为只有回归到中世纪的社会和手工艺劳动,才是唯一的出路。

在反对工业化的同时,拉斯金著书立说,为建筑和产品设计提出了若干准则,这成为后来工艺美术运动(Arts and Crafts)的重要理论基础。这些准则主要是:师承自然,而不是盲目地抄袭旧有的样式;使用传统的自然材料,反对使用钢铁、玻璃等工业材料;忠实于材料本身的特点,反映材料的真实质感。

继承拉斯金的理论,使之产生美学和社会革新巨大动力的人是英国的诗人、作家和设计师威廉·莫里斯(William Morris,1834—1896)。莫里斯出身富裕家庭,就读于牛津大学埃克塞特学院,在那里他受到约翰·拉斯金的影响。他的朋友但丁·罗西蒂(Dante Gabriel Rossetti)等人创建了前拉斐尔派兄弟会,在绘画上追求古典的复兴,反对"后拉斐尔"时代学院派机械式的教学与画风。威廉·莫里斯也是前拉斐尔派兄弟会的成员,无论在绘画与设计理念上都有追求古典、反对机械化的倾向。

1861年威廉·莫里斯与朋友创立了莫里斯·马修·福克纳公司(Morris, Marshall, Faulkner & Co.),专门设计、制作家具与手工艺品。他们制作的所有产品尤其是装饰手法,都十分个性化,表达了对大自然的热爱和对手工艺的欣赏。后来该公司的合伙人都离开公司,公司改名为莫里斯公司(Morris & Co.),继续制作、出售莫里斯所坚持的各种手工艺设计品,如图2-4所示。1891年,威廉·莫里斯成立了自己的柯姆史考特出版社(Kelmscott Press),并且将晚年大部分的时间投注于书籍以及花样的设计,其中的许多书籍设计成为了

第2章 工业设计发展历程与现状

图2-4 莫里斯设计的壁纸和纺织物图案

历史上的经典,如图2-5所示的《杰弗里·乔叟作品集》,莫里斯设计了插图周围的一系列图案以及式样繁复的大写首字母。

莫里斯的理论与实践在英国产生了很大影响,一些年轻的艺术家和建筑师纷纷效仿,进行设计革新,从而在1880～1910年间形成了一个设计革命的高潮,这就是所谓的"工艺美术运动"。这个运动以英国为中心,波及了不少欧美国家,并对后世的现代设计运动产生了深远影响。

工艺美术运动旨在消除手工艺人与艺术家之间的隔阂,减弱机械化生产对手工艺品审美表现的冲击,并力图为产品及生产者建立或者恢复统一的标准。在设计上,工艺美术运动倡导手工艺品的"忠实于材料"、"合适于目的性"等价值,并把源于自然的简洁和忠实的装饰作为其活动的基础。从本质上来说,它是通过艺术和设计来改造社会,试图实现一种理想化的工人协作模式,来实现手工艺品的社会和审美价值。

图2-5 莫里斯设计的书籍版式

工艺美术运动影响范围十分广泛,它取得了一大批设计行会组织的支持。行会原本是中世纪手工艺人的行业组织,莫里斯及其追随者借用行会这种组织形式,以反抗工业化的商业组织。

沃赛(Charles F.A.Voysey,1857—1941)是工艺美术运动的另一位中心人物,在19世纪最后20年间,他的设计很有影响。沃赛受过建筑师的训练,长期从事室内和家具设计。沃赛的家具设计多选用典型的工艺美术运动材料——英国橡木,而不是诸如桃花芯木一类珍贵的传统材料。如图2-6所示的写字台是沃赛接受一位顾客委托设计的,作品整体简洁质

图2-6 沃赛设计的写字台,带有可折叠的桌面和储物格
(橡木,镶铜)

23

朴，铜质的镶嵌图案表现了英国的田园风光，体现了沃赛对家庭建筑装饰的独特理解。沃赛的大多数作品比莫里斯的设计要简洁朴素，更适合于大批量生产，更能代表莫里斯所提倡的乌托邦社会理想，因而成为工艺美术运动的代表性作品，具有很高的艺术价值。

阿什比（Charles Ashbee，1863—1942）是一位多才多艺的设计师和教育家，他设计了许多精美的金属器皿。在他的设计中，注重手工艺品的材料属性，采用了各种纤细、起伏的线条，被认为是新艺术的先声。如图2-7所示的银质餐具是阿什比的代表性作品，简洁优美的造型元素，以及可辨识的手工打造痕迹，使得整个作品表现出很强的独创性。

图2-7 阿什比设计的金属器皿

1898年，阿什比帮助筹建了坐落于伦敦东区的"手工艺行会与学校"，并聘用了五十多名工人。1902年他为了解决"良心危机"问题，决意将行会向农村隐退，以逃避现代工业城市的喧嚣，并按中世纪模式建立了一个社区，在那里不仅生产珠宝、金属器皿等手工艺品，而且完全实现了莫里斯早期所描绘的理想化社会生活方式。但是，由于行会远离城市而切断了它与市场的联系，并且手工艺也难于与大工业竞争，这次试验终于在1908年以失败而告终。

工艺美术运动对于工业时代的设计改革做出了重要贡献，它首先提出了"美与技术结合"的原则，主张艺术家与手工艺人合作，平衡纯艺术与实用艺术之间的关系。另外，工艺美术运动的设计强调"师承自然"、忠实于材料和适应使用目的，从而创造出了一些朴素而实用的作品。同时，工艺美术运动也反映了在手工艺传统与日渐膨胀的工业化生产之间难于调和的矛盾，莫里斯和他的追随者那种崇高的社会主义式的生活模式，与他们倡导的手工业生产模式也存在着强烈的冲突。

2.新艺术运动

新艺术运动（Art Nouveau）是19世纪末20世纪初在欧洲和美国产生并发展起来的一次影响面较大的装饰艺术运动，涉及十几个国家，从建筑、家具、产品、首饰服装、书籍装帧，一直到雕塑和绘画艺术都受到影响，延续时间长达十余年，是设计史上一次非常重要、具有相当影响力的形式主义运动。

生产的发展伴随着新兴消费阶层的购买力快速提升，法国市场对于家用产品的生产数量与日俱增，机械生产者和手工艺人为了满足产品的产出数量，很难保证产品质量。法国巴黎的

第2章 工业设计发展历程与现状

制造商和手工艺人成立了"工业艺术联盟",促进产品艺术性与功能的协调,革新设计标准。新艺术运动的基本精神并不拒绝机械化的工业生产,但是,新艺术拒绝过分的简洁,主张保留某种具有生命活力的装饰性因素,而这常常是在批量生产中难以做到的。实际上,由于新艺术作品的实验性和复杂性,它不适合机器生产,只能手工制作,因而价格昂贵,只有少数富有消费者能够接受。

新艺术运动发源于法国,萨穆尔·宾(Samuel Bing,1838—1905)是一位对日本艺术有着浓厚兴趣的商人、出版家和设计师,他积极参与了工业艺术联盟的活动,成为新艺术运动的核心人物。他用他的艺术画廊来展示新艺术运动的产品,来激发艺术家和手工艺师们对于新艺术的灵感,产生了广泛的影响。1895年12月,他在巴黎开设了一家名为"新艺术之家"的艺术商号,并以此为基地资助几位志趣相投的艺术家从事家具与室内设计工作,新艺术由此而得名。

另一位法国新艺术的代表人物是建筑师和设计师吉马德(Hector Guimard,1867—1942),他的实践活动使得新艺术运动的作品形式深入人心,他喜欢将植物藤蔓和花卉式样与手工艺制品结合起来,形成一种富于独特美学意味的艺术设计。吉马德最有影响的作品是他为巴黎地铁所作的设计,如图2-8所示,他将优雅的植物装饰纹样应用在栏杆、扶手和入

图2-8 吉马德设计的巴黎地铁入口

口的建筑中,这些设计至今仍在使用。吉马德设计的书桌和咖啡几也是典型的新艺术设计作品,如图2-9所示。图2-9a所示的这张桌子看上去好像可以折叠,但并非如此,黄铜制成的构件把各个部分连接成整体,巧妙精致的雕刻隐约体现了木材的天然形态,自由流畅的曲线展现了新艺术运动时期的典型特征。

比利时是整个新艺术运动中的重要活动中心之一,尤其是杰出的设计师、建筑师威尔德(Henry van de Velde,1863—1957),他之所以闻名是由于他对设计教育的浓厚兴趣,以及他为现代装饰艺术和出版做出的巨大贡献。他不仅

a)   b)

图2-9 吉马德的设计作品

a)书桌 b)咖啡几

是比利时现代设计的奠基人，也是世界现代设计的先驱之一。威尔德的职业是画家和平面设计师，他的作品从一开始就具有新艺术流畅的曲线韵律。如图2-10所示是威尔德为楚庞公司（Tropon）生产的蛋白设计的广告招贴，威尔德使用了抽象的曲线表现了蛋清和蛋黄的分离，用环绕的螺旋曲线边框以及独特的字体设计突出了公司的名称。作为设计师，他的第一件作品是在布鲁塞尔附近为自己建造的住宅，这是当时艺术家们表现自己艺术思想和天才的一种流行方式。威尔德不仅设计了建筑，而且还设计了家具和装修，甚至他夫人的服装。威尔德后来去了德国，并一度成为了德国新艺术运动的领袖，这一运动导致了1907年德意志制造联盟的成立。1908年，威尔德出任德国魏玛市立工艺学校校长，这所学校就是后来包豪斯的前身。

比利时新艺术运动的另一位代表性人物是建筑师霍塔（Victor Horta，1867—1947），他在建筑与室内设计中使用缠绕和螺旋扭曲的植物线条，这种流畅有力的线条成了比利时新艺术的代表性特征，被称为"比利时线条"。这些线条的起伏常常与结构或构造相联系。霍塔于1893年设计的霍塔旅馆成为新艺术风格的经典作品，如图2-11所示，整栋建筑从外立面到室内装饰，甚至是细小到如门把手一类的附件，都体现了新艺术运动设计的风格，曲线活泼流动，色彩协调一致。

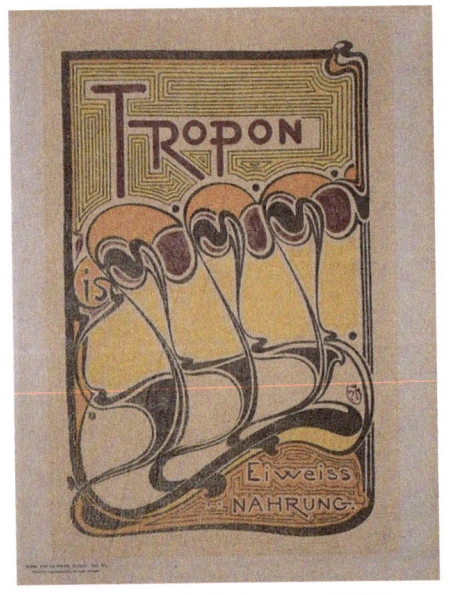

图2-10　威尔德为Tropon公司设计的广告招贴

图2-11　霍塔于1893年设计霍塔旅馆

新艺术运动在德国被称为"青春风格"，这一称谓来源于1869年在慕尼黑创刊的《青春》。这一刊物在世纪之交发行量大增，成为宣传德国新艺术运动时期艺术和设计理论的喉舌，其中设计观念影响了整个德国的装饰艺术风格。雷迈斯克米德（Richard Riemerschmid，1868—1957）是"青春风格"的重要角色，他以设计师的身份参与了许多慕尼黑的手工艺组织，设计了大量富于创新性的家具、陶瓷和金属工艺品，并积极参与了著名的"德意志制造联盟"的活动。他于1899年设计的一套桌椅（图2-12），很好地体现了新艺术运动在德国的典

第2章 工业设计发展历程与现状

图2-12 雷迈斯克米德设计的桌椅

型风格,椅背延伸下来的曲线成为支撑前腿的结构,桌子所展现的独特的结构与吉玛德设计的咖啡几(图2-9b)形成鲜明的对比。简洁而优雅的结构取代了比利时风格的自由曲线,对于功能的关注暗示了德国未来在现代设计领域取得的重大成就。

富于天才和创新精神的西班牙建筑大师安东尼奥·高蒂(Antonio Gauti,1852—1926),也被史学家归为整个新艺术运动的代表人物。高蒂是一位出身于平民的建筑大师,他吸取了东方风格与哥特式建筑的结构特点,并结合自然形式,形成其独创的塑性建筑。西班牙巴塞罗那的米拉公寓便是一个典型的例子,如图2-13所示。这座建筑完全采用有机主义特点,外表以及内部包括家具在内,都尽量避免采用直线和平面,内部家具和装饰也全部吸取植物、动物的动态造型,体现了一种生命的动感,宛如一尊巨大的抽象雕塑,成为走向工业化的世界中雄壮有力的叛逆象征。米拉公寓与高蒂设计的古埃尔公园和圣家族大教堂一起,成了巴塞罗那的象征。

图2-13 米拉公寓

新艺术运动促进了艺术家与手工艺师的合作，改善了日常生活的品质和城市环境。同时，新艺术运动也和工艺美术运动一样，对于手工艺传统的过分执著和对工业化机械大生产的忽视，使得设计改革运动最终被现代设计的浪潮吞没。新艺术运动是世纪之交，艺术家、设计师、建筑师们对设计革新所作的一次大胆的尝试，成为了手工艺时代优良传统的一次集大成的展示，同时也成为工业化大生产时代设计艺术的先声。新艺术运动在由手工艺设计向现代设计的转变中起到了承前启后的作用，是世界设计体系发生本质性变化的重要过渡阶段。

3.装饰艺术运动

20世纪初，机械化生产的优势已经势不可挡，艺术家和设计师们意识到新时代的必然性，在设计和生产中不再刻意回避机械形式，也不回避钢铁、玻璃等新材料。他们认为，对于技术发展和工业化形式的断然否定，是19世纪末20世纪初所有的设计革新运动的致命缺陷。他们开始探索一条新的途径来改变装饰艺术与现代工业的矛盾，采用新的装饰形式使产品更加符合现代特征。在这种新的历史条件下，"装饰艺术"（Art Deco）运动姗姗来迟。

法国是"装饰艺术"运动的发源地，巴黎是这场运动的中心。1925年"装饰艺术展览会"是法国这场运动成果集大成的展示，"装饰艺术"运动也因此得名。

法国巴黎的家具和室内设计风格的变化是装饰艺术运动的一个缩影。法国这个时期的家具与室内设计明显受到现代艺术如野兽派和立体主义的影响，装饰繁复、奔放，采用大胆的色彩对比，反映了巴黎的繁荣和奢华。另外，设计开始关注工业技术的发展，注重新材料的运用（图2-14、图2-15），家具中开始使用一些新兴的工业材料如酚醛树脂和铝等。法国的"装饰艺术"风格本质上还是为权贵的设计活动，所以仍表现为采用昂贵的材料，豪华的装饰纹样，特殊的装饰动机。在设计家具中，"装饰艺术"风格经常采用名贵木材、青铜、象牙、珍稀动物皮革、磨漆等材料和工艺，目的都是为了使家具更加奢华和高贵（图2-16）。

首饰与时装配件设计是法国"装饰艺术"运动的重要设计成就之一。一些专门生产昂贵首饰的厂家因为新型风格的设计和生产而闻名世界。他们生产的首饰与装饰品多使用贵重金

图2-14 铝与酚醛树脂制成的手提包

图2-15 人造白金装饰的写字台

图2-16 带有银、象牙、乌木镶嵌的梳妆台

属和宝石，价格极其昂贵，完全是为少数上层阶级服务的奢侈品。卡地亚（Cartier）20世纪20～30年代出品的胸针（图2-17），使用了大量贵金属和贵重宝石，这两款胸针，在白金基材上，镶嵌了密集的钻石，配以天青石、黑玛瑙等宝石，奢华至极，产品形式上略带有古典艺术式样，明显受到古代埃及和美洲土著原始艺术的影响。图2-18所示的考梅特（Chaumet）的这幅长耳环也具有同样的特点。

图2-17　卡地亚20世纪20～30年代出品的胸针

图2-18　考梅特20世纪20年代生产的耳环

装饰艺术风格在平面设计领域重视色彩明快、线条清晰和具有装饰意味，同时非常注意平面上的装饰构图，使用大量的工业题材来构成画面的装饰，使用大块的带棱角的面、抽象的色彩构成，表现出艺术家对立体主义表现手法的娴熟掌握。这种风格被许多法国平面设计师采纳，创作的题材多涉及大型的工业和商业公司。如图2-19所示为法国铁路公司为新开设的海上旅游度假航线做的宣传海报，忙碌的海港和远处美丽的山色，激发了人们对于远途旅行的美好想象。海报使用现代工业船舶作为画面主体，几何化的构图和大胆的色彩布局，都体现了装饰艺术运动对于现代工业的认同。

法国政府1911年就提出了在巴黎举办一次大型装饰艺术和工业博览会，联合一切艺术家和所有装饰艺术共同创造一种彻底的现代艺术，但由于各种原因以及第一次世界大战的爆发，这次博览会在1925年才在巴黎成功举行，它的全称是"国际现代装饰与工业艺术博览会"。展览会上出现的多数产品，很多都是用了稀有的材料加以华美的装饰；同时，一些家具和室内设计作品开始采用直角和直线元素，一改新艺术运动时的曲线风格，使用各种工业制品，但无论是稀有材料还是新型工业材料的装饰设计，都旨在体现巴黎的舒适、高贵与奢华。值得指出的是，这次展览会上也有少部分产品不囿于表现奢华这一主题，例如，

图2-19　法国铁路公司的宣传海报

勒·柯布西埃展示了他设计的新精神馆，如图2-20所示，其中家具和陈设都具备简洁的几何形式，符合工业化生产的要求。柯布西埃将建筑看成是"居住的机器"，他的新精神馆暗示了现代住宅是以高效经济的办公环境为本，而不是表现奢华生活的传统住宅。

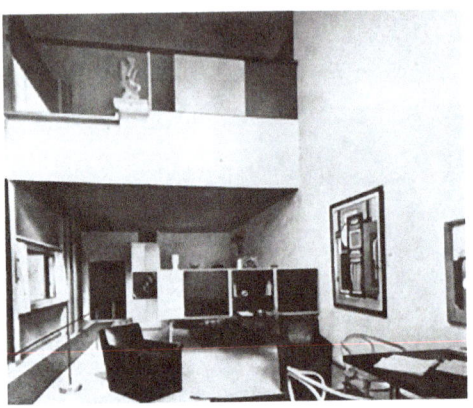

图2-20　柯布西埃的新精神馆

装饰艺术运动显示了两次世界大战之间，人们对艺术与机器工业关系的多样化理解，是一次意义重大的现代设计运动。社会开始关注机械所体现的美学价值，尤其是机械化体现出的高效率使人们对未来生活充满了希望，艺术家们失去了对自然装饰的浓厚兴趣，开始把工业生产环境作为他们创作的灵感来源，把简单的几何形式与古典主义的美学标准相结合，为现代主义设计的产生奠定了基础。

2.1.2　包豪斯与现代主义设计

1.现代主义的兴起

第一次世界大战之后，世界工业和科学技术得到了长足发展，大众市场已发育健全，构成主义和风格派运动为形成一种新的更富于时代气息的机械美学铺平了道路。现代建筑的兴起更是为设计上的现代主义起到了极大的推动作用。在这种情况下，先前分散的各种设计改革思潮终于融汇到一起，形成了意义深远的现代主义，并标志着现代工业设计的开端。

现代主义的关键因素是功能主义和理性主义。功能主义最有影响的口号是"形式追随功能"，强调功能对于形式的决定作用。而理性主义则是以严格的理性思考取代感性冲动，以科学的、客观的分析为基础来进行设计，尽可能减少设计中的个人意识，从而提高产品的效率和经济性。

现代主义的设计理念最早出现在建筑界。第一次世界大战后，一批思想敏锐而有经验的青年建筑师提倡社会改革和社会责任感，促进设计与工业社会生活紧密联系，形成了一种偏重实用主义、摒弃装饰的现代设计思潮。欧洲现代主义建筑师的杰出代表人物当属德国的沃尔特·格罗披乌斯（Walter Gropius，1883—1969）、密斯·凡德罗（Ludwig Mies van der Rohe，1886—1969）和法国的柯布西埃（Le Corbusier，1887—1965），如图2-21所示。格罗披乌斯是20世纪最有影响的现代建筑师、设计师之一。他所创建的包豪斯设计学校奠定了现代工业设

图2-21 欧洲现代主义建筑师的杰出代表人物
a）格罗披乌斯 b）密斯 c）柯布西埃

计教学体系的基础，也是现代主义设计诞生的摇篮。密斯担任了包豪斯第三任校长。建筑师柯布西埃同时也是一位作家，他于1920年创办《新精神》杂志，宣传他富于煽动性的建筑思想，他于1923年出版的《走向新建筑》一书成为现代建筑的响亮号角。他们的理论与实践加上包豪斯的设计教育体系，为现代主义做出了重要贡献。20世纪30年代后期，格罗披乌斯、密斯等一批欧洲现代主义的重要人物移民美国，由此把现代主义带到了美国。

2. 包豪斯

包豪斯（Bauhaus）是1919年在德国成立的一所设计学院，也是世界上第一所完全为设计教育而成立的学院。这所由德国著名建筑家、设计理论家格罗披乌斯创建的学院，集中了20世纪初欧洲各国对于设计的新探索与实验成果，并加以发展和完善，特别是"风格派"运动和构成主义的成果，成为欧洲现代主义设计运动集大成的中心，把欧洲的现代主义设计运动推到一个空前的高度。

"包豪斯"一词是格罗披乌斯创造的，由德语的"建造"和"房屋"两个词的词根构成。包豪斯学校由魏玛艺术学校和工艺学校合并而成，其目的是培养新型设计人才。虽然包豪斯名为建筑学校，但直到1927年之前并无建筑专业，只有纺织、陶瓷、金工、玻璃、雕塑、印刷等科目，因此，包豪斯主要是一所设计学校。格罗披乌斯本人曾是德意志制造联盟的活跃人物，他比较认同威尔德的观点，支持艺术的自由和个性。包豪斯成立时的宣言也显示了它对艺术家与手工艺师之间合作的关注：

"建筑师们、画家们、雕塑家们，我们必须回归到手工艺当中去！因为并不存在所谓的'职业艺术'这种东西。艺术家与手工艺师之间并没有本质上的差别。艺术家就是高级的手工艺师。在天堂般美妙和罕有的超越意志的瞬间灵感之中，艺术会不经意地从双手中绽放出来，但是首先，每一位艺术家都必须具备手工艺的基础，它是创造力的源泉。

因此，让我们来创办一个新型的手工艺人行会，解除手工艺师与艺术家之间妄自尊大的壁垒！让我们共同期待、构思并且创造出未来的新建筑，用它把一切——建筑、雕塑与绘

工业设计初步

画——都囊括在一个单一的形式里。有朝一日,一种水晶般清澈的全新的信念,将会从百万工作者的手中,冉冉升向天堂。"

在设计理论上,包豪斯提出了三个基本观点:艺术与技术的新统一;设计的目的是人而不是产品;设计必须遵循自然与客观的法则来进行。这些观点对于工业设计的发展起到了积极作用,使现代设计逐步由理想主义走向现实主义,即用理性的、科学的思想来代替艺术上的自我表现和浪漫主义。

包豪斯保留了魏玛工艺美术学校的部分教员,但很多人不满包豪斯的新教学体系,先后脱离了新学校。包豪斯不得不聘用大量新教师,其中几乎全是拥护抽象艺术和主观表现的纯艺术家,但格罗披乌斯要求他们放弃纯艺术高人一等的优越感,致力于实用的产品设计,为艺术与生活的融合做出贡献。这些教师包括约翰尼斯·伊顿(Johnnes Itten,1888—1967)、吉哈德·马克斯(Gerhard Marks,1889—1981)、利奥奈尔·费宁格(Lyonel Feininger,1871—1956)、瑞士画家保罗·克利(Paul Klee,1897—1940)和俄裔抽象画家瓦里西·康定斯基(Wassily Wasilyevich Kandinsky,1866—1944),如图2-22所示。

图2-22 包豪斯教员合影(1926年)
左四:莫霍利·纳吉 左六:约斯特·施密特 左七:格罗披乌斯 左八:马塞尔·布劳耶 左九:康定斯基 左十:保罗·克利 左十一:利奥奈尔·费宁格

瑞士出生的艺术家、艺术教育家伊顿在包豪斯设计的基础课程,对世界设计教育产生了重大影响。他的课程通过独特的艺术训练,激发了学生对材料、绘画技巧以及形式的强烈兴趣,在课堂和工作室环境中,引导学生发现行为和无意识之间的联系,使学生天生的直觉和创造力得以发挥。伊顿于1923年离开包豪斯,接替他工作的是匈牙利画家、构成主义者莫霍利·纳吉(Laszlo Moholy-Nagy,1895—1946),他在包豪斯的教学和设计中,更侧重于工业产品的表现,强调在设计中要充分表达新材料和新科技。在他的理想中,包豪斯的学生应该熟悉生产过程和各种工业材料,能将自己所学的知识应用到各种工业领域,这些教学目标使包豪斯顺应了工业时代机械生产的要求,而不再局限于对传统手工业的拘泥。这些为包豪斯的工业设计教育奠定了现代主义的基础,同时也意味着包豪斯开始由表现主义转向理性主义。

由于格罗披乌斯的巨大努力,包豪斯于1923年举行了第一次展览会,展出了设计模型、学生作业以及绘画和雕塑等，取得了很大成功，受到欧洲许多国家设计界和工业界的重视和好评。包豪斯的学生约斯特·施密特（Joost Schmidt，1893—1948）设计的海报（图2-23），体现了包豪斯将构成主义引入平面设计的成果。海报由交叉的矩形和椭圆形组成，在这个倾斜的类似坐标系的画面中，排列了展会的时间、地点等信息。海报中还包含了包豪斯的新标志——一个简化的人物侧面像，人物头像的具体形态抽象为矩形和圆形的几何图案。

1925年4月1日，由于受到魏玛地方政府的迫害，包豪斯不得不关闭了在魏玛的校园，迁往当时工业较为发达的小城迪索。

图2-23　包豪斯1923年展览的海报

迪索时期的包豪斯在新环境和新的教学团队支持下有了进一步的发展。为了使教学目标更接近培养新型工业设计师的承诺，格罗披乌斯聘用了一批包豪斯自己培养的优秀学生为教授，他们在教学实践环节发挥了重要作用。这些青年教师在书籍设计、照明设计、家具设计、纺织品设计等课程的实践中，贯彻了经济适用的标准，工作室更加符合工业化和机械化的生产模式，一些新的教学设备的更新也使得设计实验更加接近工业生产标准。

在迪索市政府的资助下，建成了包豪斯新校舍。这座新建筑是由格罗披乌斯设计的，1925年秋动工，次年年底落成。它包括教室、车间、办公室、礼堂、餐厅、宿舍以及体育馆。校舍建筑面积接近一万平方米，是一组多功能的建筑群（图2-24）。该建筑全部采用预制

图2-24　格罗披乌斯设计的包豪斯新校舍

件拼装和玻璃幕墙结构，它在功能处理上有分有合，各个功能分区之间以天桥连接，方便而实用；在构图上采用了灵活的不对称布局，高低错落有致，建筑群体现了现代主义设计在当时的最高成就，在建筑史上占有重要的地位。

图2-25　布劳耶设计的钢管椅

虽然包豪斯对当时的德国工业生产影响有限，但其中有相当数量的设计产生了广泛影响，并被市场接受。在包豪斯的家具车间，马塞尔·布劳耶（Marcel Breuer，1902—1981）设计了一系列新颖的钢管椅，在以手工艺为基础的家具制造行业，探索了新型材料的可能性，开辟了现代家具设计的新篇章。如图2-25所示是他设计的悬臂式钢管椅，造型优雅，结构简单，自然材料的质感与光洁的金属材料形成有趣的对比，是现代工业设计的杰出作品。

玛丽安·布兰德（Marianne Brandt，1893—1983）于1924年设计的茶壶虽然采用了几何形式（图2-26a），但却是用银人工锻制的，带有明显的手工艺特色；而她于1926～1927年设计的台灯，不但造型简洁优美，功能效果好，并且是由莱比锡一家工厂批量生产的（图2-26b）。这也说明包豪斯在新的教学体系下，工业设计已趋向成熟。

a）　　　　　　　　　　　　　　　　　　　b）

图2-26　布兰德设计的茶壶和台灯

1928年，迫于种种压力，特别是右派势力对于包豪斯进步思潮的无端攻击，格罗披乌斯辞去了包豪斯校长的职务。

格罗披乌斯离开包豪斯后，由建筑师汉斯·迈耶（Hannes Meyer，1889—1954）接任校长。迈耶上任后更加强调设计要以客观的经济标准为基础，把设计看成是经济与功能结合的产物。在他的领导下，包豪斯通过接受各种设计委托、出售设计方案，在经济上获得了更加独立的地位。1930年迈耶由于与格罗披乌斯同样的原因而被迫辞职，由密斯·凡德罗担任第三任校长。密斯是著名的建筑师，提出了"少就是多"的名言，对现代主义设计影响至深。1927

年他担任了在德国斯图加特举办的魏森霍夫现代住宅展的艺术总监,并设计了著名的魏森霍夫椅(图2-27a)。1929年他设计了巴塞罗那世界博览会德国馆,这座建筑物本身和其中的巴塞罗那椅成了现代建筑和设计的里程碑(图2-27b)。

a)　　　　　　　　　　　　　　　　b)

图2-27　密斯设计的魏森霍夫椅和巴塞罗那椅

1932年10月,纳粹党徒控制了迪索并关闭了包豪斯。密斯将学校迁至柏林以图再起,后来由于希特勒的国家社会党上台,纳粹占领学校,包豪斯终于在1933年7月宣告正式解散,从而结束了14年的办学历程。

学校解散后,包豪斯的许多成员离开德国,将包豪斯的思想带到了其他国家,特别是美国。从一定意义上来讲,包豪斯的思想在美国才得以完全实现。

包豪斯办学中的大胆尝试为后世留下了不朽的遗产。它对设计师的培养和教育模式,以及它对艺术、手工艺、工业之间的合作的成功探索,对现代工业设计的发展做出了巨大贡献。包豪斯对现代设计教育有着深远的影响,它教学的许多特点仍然被视为艺术设计教育课程的基础。与此同时,包豪斯培养出的杰出建筑师与设计师们把现代建筑与设计推向了新的高度。

2.2　国外工业设计现状

第二次世界大战后的最初阶段,在世界经济复苏和重建中,工业设计的作用初露端倪。到20世纪50年代,随着世界经济迅速增长,消费文化逐渐繁荣,战后重建的实际需要不再是工业设计的核心任务,对多种风格的追求日益受到重视。现代主义虽仍在不断地发展、完善,但其一统天下的局面已被打破,形形色色的设计风格和流派此起彼伏。

进入20世纪60年代,随着社会、文化、经济和政治领域的纷繁变幻,传统价值的约束力受到了空前猛烈的攻击,文化艺术的多元趋势成为设计走向多元化的起点。以各种各样的市场同时并存为特征的后工业社会(Post Industrial Society)反映了不同的文化群体的要求,每个群体都有其特定的行为、语言、时尚和传统，都有各自不同的消费需求。工业设计必须以多样化的战略来应付这种局面，并向产品注入新的、强烈的文化因素。也就是说，产品必须主动地选择它的使用者，使自己跻身于特定的社会群体中。另一方面，工业生产中的自动化程度大大增加了生产的灵活性，能够做到小批量多样化。这些因素都促进了设计多元化的繁荣。从总体上看，以现代主义基本原则为基础的设计流派仍是工业设计的主流，但它们对现代主义的某些部分进行夸大、突出、补充和变化。值得一提的是，一种企图从根本上否定现代主义设计原则的所谓后现代主义（Post Modernism）从20世纪60年代末兴起，理论探讨非常活跃，并对以信息化为特色的后工业社会的工业设计产生了较大的影响。

2.2.1 欧洲主要国家工业设计的发展现状

1. 英国现代设计的发展

第二次世界大战后，英国由于资源短缺和国家推行的限量供给制度，工业设计异常注重经济性和实用性，一定程度上牺牲了装饰和审美效果。英国的现代设计继承了优良的传统手工艺特点，使用自然材质，具有民族特色。在政府的支持和鼓励下，英国工业设计在艰难的条件中发展。随着经济的好转，设计师的创造性得以发挥，例如，在1951年的英国设计节上，厄恩斯特·雷斯（Ernest Race）展示了一款用胶合板和金属丝制作的"羚羊椅"（图2-28），设计新颖独特，在英国一贯的重传统的设计风格上实现了突破。工业设计师罗宾·戴（Robin Day）于1963年设计的聚丙烯座椅（图2-29），在工业设计探索新材料和新技术的道路上，迈出了坚定而意义深远的一步。

英国独立设计事务所的发展很有特色，具体到比较前卫的设计行业来看是非常先进的。20世纪60年代的"波普"设计运动就开始于英国，代表了设计最富于前卫的一个流派，与正统的国际主义、现代主义设计分庭抗礼。英国政府对于设计非常重视，早在第二次世界大战结束初期就成立了旨在促进设计水平的英国设计协会。这个政府机构组织各种设计展览、设计会议，同时出版世界最重要的设计杂志《Design》，对于促进英国的设计水平起到了重要的作用。

由于具有促销的传统，使得英国的广告行业非常发达，世界最大的几个广告公司中有不少是英国公司，如1995~1996年度世界排名第一的广告公司WPP和世界第二的广告公司萨奇兄弟等，都是英国公司。图2-30是英国萨奇兄弟公司设计的丝卡（Silk Cut）烟草广告。英国的这种世界性的商业活动结果，造成了大批外国

图2-28 雷斯设计的"羚羊椅"

图2-29 罗宾·戴设计的聚丙烯座椅

设计公司把总部设在伦敦，以便利用英国的国际能力来接触外国市场。20世纪90年代中，世界上最大的10家设计公司中的8家都在伦敦设有办事处，或者干脆把总部设在伦敦。以伦敦作为设计咨询的中心，有利于这些企业接触世界各国的企业，发展业务，因此，英国自然成为提供国际性设计服务、设计咨询服务的中心。

时至今日，英国特别是伦敦，聚集了当今世界最顶尖的设计企业与设计师，并已形成了其特殊的文化，吸引着全世界的设计师们。

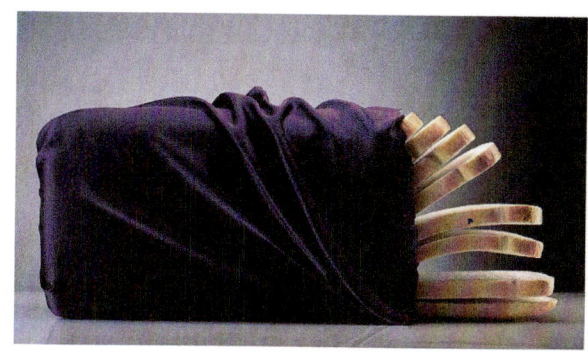

图2-30　萨奇兄弟公司设计的丝卡烟草广告

2.法国现代设计的发展

法国的现代设计是基于法国悠久的设计传统的，这个传统的核心内容具有强烈的法国资产阶级味道，即设计是为富裕的上层人的活动，设计的内容是豪华、奢侈的产品，设计不应该是民主的、大众的，而应该是权贵的、高尚的，这一点从新艺术运动和装饰艺术运动在法国的发源和发展可以看出。法国唯一的国立设计学院——法国高等工业创意学院（Les Atteliers，位于巴黎）国际设计中心主任里兹·戴维斯（Liz Davis）曾经说："法国的设计就是豪华的设计、高尚的设计"。

20世纪90年代以来，法国政府明确设计对于国民经济的重要促进作用，态度有很大的转变，其中一个典型例子是法国政府于1993年破天荒地出版了一本关于现代设计的非常重要著作《工业设计——一个世纪的反映》。这本著作是目前论述工业设计资料最完整的著作之一，出自一向对工业设计反感的法国政府之手，足以反映重大的改变。

法国的独立设计事务所基本遵循法国传统的设计道路，比较重视奢华的设计项目，即便是普通的产品或者平面设计，法国设计家也会赋予它们以奢华与时尚的特点，并且具有强烈的设计家个人表现特点。飞利浦·斯塔克（Philippe Patrick Starck，1949—）的水果榨汁器、皮埃尔·保兰（Pierre Paulin，1927—2009）设计的家具（图2-31），都是这种倾向的例子。

图2-31　皮埃尔·保兰设计的椅子

工业设计初步

3.德国现代设计的发展

德国是现代设计诞生的国家之一。第二次世界大战后,工业设计在德国的经济重建中发挥了重大作用。长期以来,德国的设计在世界设计中占有着举足轻重的地位,德国设计影响到世界设计的发展,其设计理论也影响到世界设计理论的形成。德国的工业设计始终与客观的统一标准联系在一起,这一标准建立在对材料和制作工艺的系统研究基础之上。德国的工业设计在20世纪上半叶就建立了坚实的基础,德意志制造联盟促进艺术与工业结合的实践和包豪斯的现代设计思想仍旧影响着第二次世界大战后的工业设计。随着经济的复兴,联邦德国成为世界上先进的工业化国家之一,并发展了一种以强调技术表现为特征的工业设计风格。

1947年,因战争中断的德意志制造联盟重新成立,1949年德国设计理事会成立,这个理事会积极倡导简洁的形式,并为"优良产品"设计制定了一套功能主义的标准,强调产品在整体上不应有与功能无关的表现性特征。马歇尔计划的资助加上设计理事会的促进,刺激了德国工业设计的发展,促进了经济的复苏。毕业于包豪斯的著名设计师华根菲尔德(Wilhelm Wagenfeld,1900—1990)在第二次世界大战后担任了极有影响的《造型》(form)杂志的编辑,他认为,所有实用物品都应是朴实无华、协调的整体。早在包豪斯学习期间,华根菲尔德就贯彻他的设计理念,设计的灯具在第二次世界大战后的德国仍旧受到欢迎,至今仍在生产(图2-32)。以华根菲尔德为代表的这批留在德国的包豪斯人,倡导的功能主义设计原则,使德国工业设计的潜力在更加专业化的生产体系中得到了进一步的发挥。

第二次世界大战后对联邦德国工业设计产生最大影响的教育机构是1953年成立的乌尔姆造型学院。这是一所培养工业设计人才的高等学府,其纲领是加强设计研究,解决市场对工业产品的实用性研究,使设计更好地服务于工业。学院开设了机械与形式两方面的课程。后来学校的课程设置进行了很大的调整,用数学、工程科学和逻辑分析等课程取代从包豪斯继承下来的美术训练课程,产生了一种以科学技术为基础的设计教育模式。

法兰克福的博朗公司(Braun)与乌尔姆造型学院建立了密切的合作关系,这种合作产生了丰硕的成果,使博朗的设计至今仍被看成是优良产品造型的代表和德国文化成就之一。博朗的成功在于其产品简洁的造型设计和明确的功能定位。如1964年由乌尔姆造型学院的教师汉斯·古戈洛特(Hans Gugelot,1920—1965)和迪特尔·拉姆斯(Dieter Rams,1932—)设计的SK4型电唱机(图2-33),采用了长方体外观,

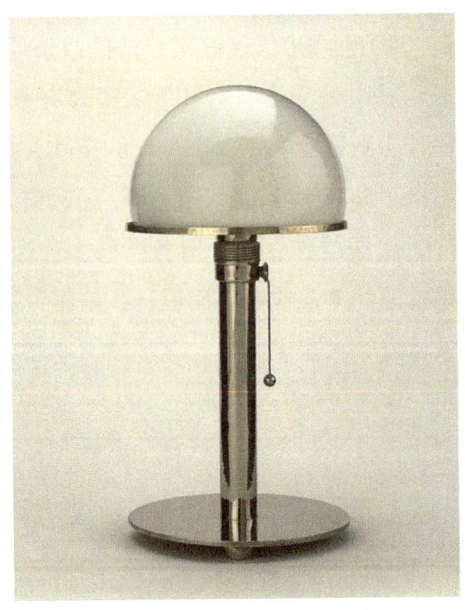

图2-32 华根菲尔德设计的台灯

图2-33 博朗生产的电唱机

配以透明的塑料盖，内部可见的全部部件都被设计成简单的几何形式，与简洁的外观相映成趣，被人戏称为"白雪公主的水晶棺"。博朗的产品关注制造技术和实用性，摒弃了商业运作和淘汰原则，在实用性设计手法的基础上强调的是历久弥新的形式，使产品形成了独特的审美效果。

德国的青蛙公司的设计也与博朗的设计一样，成了德国在信息时代工业设计的杰出代表。青蛙公司的设计既保持了乌尔姆造型学院和博朗的严谨简练，又带有后现代主义的新奇、怪诞、艳丽，甚至嬉戏般的特色，在设计界独树一帜，在很大程度上改变了20世纪末的设计潮流（图2-34）。

图2-34　青蛙公司设计的迪斯尼儿童电子产品

青蛙公司在德国向传统的功能主义发起挑战也并非孤军奋战，从20世纪90年代开始，德国的汽车设计师们也开始了实质性的设计革新，例如奥迪TT、新甲壳虫等汽车的问世。21世纪初，德国终于摆脱了传统功能主义的包袱，开始了自己在设计领域又一次全新的设计思考与尝试。

4. 意大利的现代设计

意大利拥有强大的艺术与手工艺传统，一直以高品质的原创设计和独特的设计手法著称于世。第二次世界大战后，意大利的艺术家和设计师们推崇机械化大生产和新材料、新科技，并利用它们设计了独特、优雅的实用产品。通过三年一度的米兰国际设计博览会的举办，意大利设计获得了世界设计界的一致赞誉。意大利设计注重对传统手工艺的现代诠释，在引入现代科技、注重实用功能的基础上，赋予产品形式以有机雕塑般的特质，不仅取得了巨大的市场成功，而且使意大利产品富于鲜明的民族特色。

第二次世界大战后重建初期，意大利就开始注重工业设计在工业领域的重要作用，设计了一批经久不衰的经典作品，也取得了商业上的成功，体现了后法西斯时代意大利设计通过视觉形象来倡导自由、民主的社会理念。1946年意大利设计师蒂阿斯卡尼奥（Corradinod' Ascanio，1891—1981）为比亚乔公司（Piaggio）设计的黄蜂牌（Vespa）小摩托车（图2-35），流线型的车身，优雅的质感，表现了这种交通工具高效、廉价的实用特征。1955

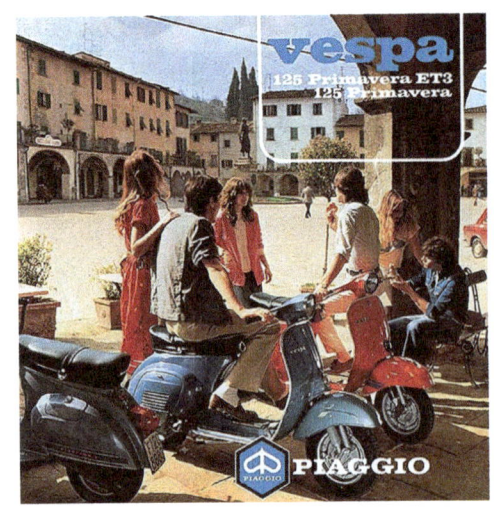

图2-35　黄蜂牌小摩托车

图2-36　菲亚特600小型汽车

图2-37　尼佐里为奥利维蒂公司设计的打字机

图2-38　吉奥·蓬蒂设计的"超轻"座椅

年设计师丹特·贾克萨（Dante Giacosa，1905—1996）设计的菲亚特600小型汽车（图2-36），成为能被更多人负担得起的廉价代步工具，使得意大利的汽车销售量大幅上升。

受到美国工业设计模式的影响，许多意大利公司聘请设计师设计新产品，面向出口贸易大规模生产，他们不惜巨资，引入世界先进的产品开发和设计方法。奥利维蒂公司（Olivetti）很早就意识到了工业设计的重要性，1935年画家兼建筑师马塞洛·尼佐里（Marcello Nizzoli，1887—1969）为该公司设计的打字机，成为当时打字机设计的典范，流畅的外观，有机的形态，质朴典雅的色彩，宛如一件抽象雕塑（图2-37）。在尼佐里的影响下，奥利维蒂公司成了意大利工业设计的中心，聚集了一大批意大利知名的设计师。

意大利的家具和室内设计最负盛名。吉奥·蓬蒂（Gio Ponti，1891—1979）是意大利的现代主义设计大师，是两次世界大战期间意大利现代设计的中坚人物之一，对意大利独特的设计路线的形成做出了巨大贡献。1928年，他创办的《多姆斯》（domus）杂志，至今仍是世界上重要的设计艺术期刊之一。吉奥·蓬蒂于1957年设计的"超轻"座椅（图2-38），使用橡木和藤条制作，吸收了意大利古典家具设计的灵感,在传统座椅的基础上进行了简化,使椅子更加轻便、时尚,形态与人的坐姿更加切合。椅子不仅具有轻盈的造型,本身重量也很轻,连一个孩子都能轻松地搬动,这是蓬蒂使用现代设计方法对传统材料所做的重新诠释。

意大利的灯具设计也同样具有创造性。设计师们把照明质量与效果,如照度、阴影、光色等与灯具的造型等同起来,取得了很大的成功。阿凯利(Achille Castiglioni,1918—2002)和卡斯蒂利奥尼(Pier Giacomo Castiglioni,1913—1968)设计的落地灯(Arco floor lamp),成为灵活、简约设计的代名词(图2-39)。这款灯具强调产品的光学效果和实用性,而不是物品本身的形式,恰恰取得了良好的简约造型,使产品呈现出独特的审美效果。

意大利的汽车车身设计在国际上享有很高声誉。在这一方面,平尼法里那设计公司(Pininfarina)和意大利设计公司(ItalDesign)最具代表性。平尼法里那设计公司于1930年在都灵创立,曾设计了阿尔法·罗密欧、菲亚特等诸多名车。自1966年起,平尼法里那担任总裁,创建了公司的设计研究中心,从1967年起便利用计算机进行工程计算及绘图。1972年,公司开始启用风洞试验,用以研究空气动力学及车身造型。平尼法尼那公司最有影响的设计是法拉利(Ferrari)系列赛车(图2-40)。有着"世界小车王"称号的菲亚特集团是意大利最大的汽车公司,占据意大利国民生产总值的41%。菲亚特同样站在国际汽车设计的前沿,出品了众多设计优秀的车身设计,充分展示了意大利人热情奔放的性格。

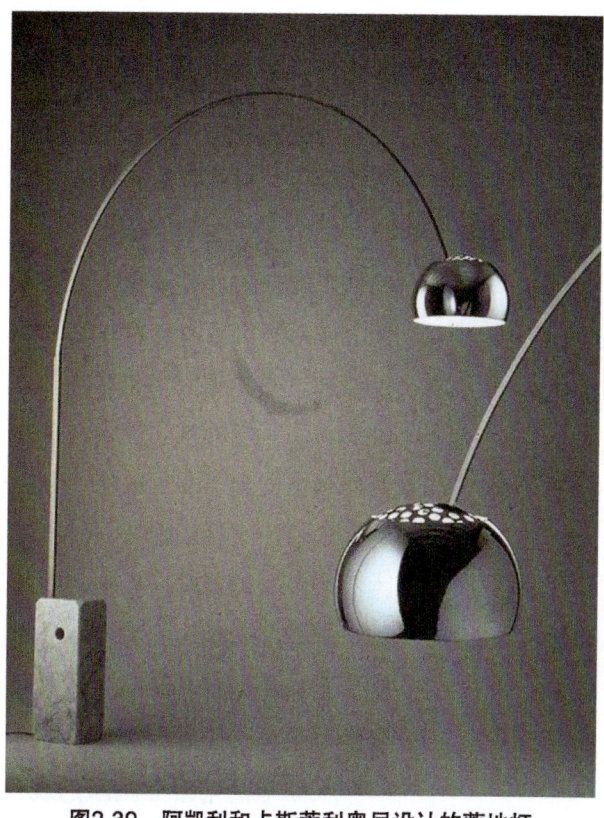

图2-39 阿凯利和卡斯蒂利奥尼设计的落地灯

图2-40 平尼法里那设计公司设计的法拉利赛车

20世纪70年代以来,意大利在后现代主义设计和文化运动中表现得尤为突出,涌现了一大批引领世界设计新潮流的设计师和设计机构。在米兰,阿卡米亚(Alchymia,1976)和孟菲斯(Memphis,1981)不仅得到意大利本土设计师的支持,连日本和美国的设计师都对其发展做出了很大贡献。孟菲斯反对现代主义对设计所形成固有的概念,认为整个世界是通过"感性来认识的",并没有一个先验的模式。设计活动的过程是设计一种生活方式,所以设计不是结论,而是假设;不是永恒,而是一个瞬间;没有确定性,只有可能性;没有真实性,只有经验性。孟菲斯的这些理论以及其丰富的设计实践,促进了设计潮流的发展和设计文化的多样性。

索特萨斯(Ettore Sottsass,1917—2007)是意大利设计师中的明星,是孟菲斯集团的发起者和领军人物。他在20世纪60年代曾经为奥利维蒂公司设计过一款"情人节"打字机,使用了鲜艳的红色机壳，被看做是现代设计中的经典作品。后来，索特萨斯的设计理念伴随的流行文化的发展，开始寻求一种超越"优良设计"的标准。他反对单纯的功能主义、反对包豪斯的理性化、非个人化的设计教条。他在设计中追求强烈的视觉冲击力，更加自由地表现色彩和材质，设计了一系列广为流传的后现代经典。他于1981年设计的"卡尔顿"室内隔断（"Carlton" room divider）（图2-41）是孟菲斯作品的杰出代表，虽然是面向奢侈品市场的设计，但这款作品使用的是廉价的塑料层压板，而不是名贵木材。鲜艳生动的色彩和虚实搭配的空间布局，使得作品犹如一尊前卫雕塑。绚丽多彩的表面形式背后，蕴藏了索特萨斯对于结构逻辑的理解，大量的等边三角形构件，使得这款架子具备良好的结构功能。

图2-41　索特萨斯设计的"卡尔顿"室内隔断

5. 斯堪的纳维亚国家的现代设计

斯堪的纳维亚国家包括芬兰、挪威、瑞典、丹麦、冰岛五个国家。这个地区有着独特的地理位置，悠久的民族文化，其设计风格既包含严谨精细的手工传统精神，又体现大工业化的功能主义和理性主义，既有对传统材料与工艺的继承发扬，又富有时代特征，并关注人的情感，成功地实现了个性、手工艺传统、工业化生产以及社会变革之间的平衡。

（1）瑞典的现代设计　自从1900年以来，瑞典成立了瑞典工业设计协会，旨在促进设计水平的提高，这个组织的功能与德国的德意志制造联盟类似，目的是促进设计界与企业界的接触，密切双方的关系，最终达到提高瑞典设计品质的目的。瑞典大型陶瓷企业古斯塔夫博格（Gustavsberg）、罗斯特朗（Rorstrand）以及玻璃产品生产企业奥列福斯（Orrefors），在工业化大生产的背景下，发展了斯堪的纳维亚优良的手工艺传统。它们的设计人员在20世纪20～30年代参与设计协会的活动，通过交流、研究提高设计水平，并且在40年代逐步形成了自己的陶瓷和玻璃器皿设计风格，这个风格后来被称为"瑞典现代"风格，如图2-42所示。这种新风格的特点是器皿设计造型非常简单朴实，具有良好的功能，这种简单朴实的陶瓷器皿设计影响了整个世界的餐具设计。

图2-42　瑞典古斯塔夫博格1950年生产的陶瓷餐具

第二次世界大战结束以后，瑞典的室内设计与家具得到世界承认，并且广为流行。瑞典家具成为世界最杰出的家具设计的同义词。20世纪60~70年代间，大批的家具连锁店在瑞典成立，这逐渐形成了瑞典家具设计的产品文化形象。其中最著名的是宜家，目前，它在全世界开设了150多家商店，年营业额达100亿欧元。宜家的产品价格适中，向消费者提供方便快捷的商品和富于人性化的设计，如图2-43是其设计制造的书架，非常简洁实用，并可以根据使用者的需要进行旋转组合，体现了20世纪90年代功能主义家具盛行时期的风格。除此之外，如伊莱克斯、绅宝和沃尔沃等企业都为瑞典赢得了"高品质技术型产品"的国际形象。20世纪90年代后期，爱立信成为手机生产巨头，后来与索尼合作形成"索尼爱立信"品牌，在世界通信行业具有很大影响。

图2-43　宜家设计制造的书架

（2）丹麦的现代设计　丹麦的玻璃制品和陶瓷制品在20世纪达到非常高的水平，它们的设计是兼有现代简单明快的特征和传统风格，是现代功能与传统风格的结合。丹麦的家具设计也同样遵循这种方式，因此得到广泛的欢迎。建筑师、设计师雅各布森（Arne Jacobsen，1902—1971）设计的大量座椅、灯具、玻璃制品等，体现了工艺科技和艺术的完美融合，被誉为功能主义美学的经典。著名的家具设计师汉斯·维纳（Hans Wegner，1914—2007）遵循传统的家具设计方法，将精湛的手工技艺与现代设计观念相结合，设计了众多的优秀家具。维纳对中国传统家具很感兴趣，早年曾潜心研究中国家具，1945年设计的系列"中国椅"就吸取了中国明式家具的精华，1947年他设计的"孔雀椅"被放置在联合国大厦（图2-44），开阔的扇面曲线，微微展开的椅腿和扶手，天然去雕饰的质朴形态，看上去非常舒适精致。

除了家具以外，丹麦的灯具和金属制品也具有相当高的世界声望。保尔·汉宁森（Poul Henningsen，1894—1967）设计的ph系列灯具早在1925年的巴黎装饰艺术博览会上就已崭露头角（图2-45），被奉为20世纪的经典作品，优雅的曲线和同心圆，构成了简洁的外形，同时灯罩的独特设计使得灯光效果均匀柔和，有效地避免了眩光。1958年，他设计的洋蓟吊灯

图2-44　汉斯·维纳"孔雀椅"座椅

图2-45　汉宁森设计的ph系列灯具之一

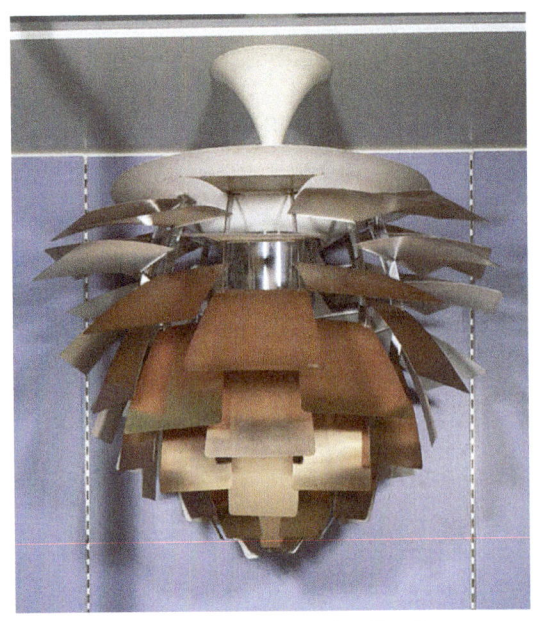

图2-46 汉宁森设计的洋蓟吊灯

图2-47 弗兰克为阿拉比亚陶瓷公司设计的"基塔"餐具

（图2-46）具有更加强烈的审美效果，在寒冷的斯堪的纳维亚地区，为人们更多的室内活动增添了温暖和舒适的感觉。

（3）芬兰的现代设计　在1954年的"米兰设计三年展"中，芬兰的设计受到世界的公认。在这次展览中，芬兰玻璃制品公司依塔拉（Ittala）展出了大量玻璃器皿，具有强烈的表现特征，得到了各界几乎是异口同声的赞扬，从而奠定了芬兰设计的国际地位。

与依塔拉公司玻璃器皿设计强调个人风格完全不同，芬兰的阿拉比亚陶瓷公司则走向更为朴素、更为民主化的设计方向。这家公司在20世纪50年代期间，由凯·弗兰克（Kay Franck，1911—1989）设计了一系列陶瓷餐具，朴实大方，图2-47中名为"基塔"的餐具从此成为芬兰现代设计的经典作品，并且迄今还在生产销售。

芬兰与它的邻国一样，具有悠久的优秀家具设计传统。它的家具与瑞典、丹麦一样兼而具有良好的功能性、简单明确性和传统的美感，是现代化与传统结合的典范。著名的建筑师、设计师阿尔瓦·阿尔托（Alvar Aalto，1898—1976）设计了大量有影响的家具和玻璃制品。他设计的帕米奥扶手椅曾在1937年的巴黎国际展览会上展出，椅子采用胶合板和层压桦木板制成，完全采用新颖的工业材料和工艺过程，采用了有机形式，更加关注使用者的舒适体验。20世纪50年代，他设计的弧形扇面凳，也是采用了芬兰盛产的桦木层压板，椅面到椅腿过渡处严丝合缝，体现了高超的工艺技术，这些凳子可以叠放，实现了对空间的合理利用。

图2-48 诺基亚2009年上市的产品7230和N97

20世纪90年代诺基亚在通信设备市场异军突起，使芬兰设计由传统变成高科技的形象。诺基亚最初是生产胶靴和汽车轮胎的厂商，后来转向通信设备领域，凭借其多样化的产品策略，对艺术与科技的有效组合，并积极探索时代趋势，如今已成为世界移动通信设备的巨头。图2-48是诺基亚2009年上市的通信产品。

2.2.2 美国工业设计的发展现状

第二次世界大战前,美国新兴而强大的市场造就了一大批工业设计公司的成功,工业设计作为一种社会公认职业也起源于美国。美国的工业设计带有浓厚的商业色彩,工业设计工作室常常要负责从产品设计到包装、商标、广告设计乃至产品的促销手段。这样的工作程序,使美国的工业设计行业能够充分发挥团队合作优势,合理把握工业生产的全程各个环节,能够设计出适合大规模生产的产品,取得了良好的商业效益。

20世纪20~30年代,美国工程师提出,泪滴形状的交通工具设计可以减少风阻,提高速度,节省燃料。美国的工业设计在这种科技背景下,迎合当时人们对电气化、高速交通等现代工业的产物的欣赏,发展了"流线型"设计风格。这种被认为是体现速度感和科技感的"时代风格"实际上是一种流于表面化的装饰设计,外观时髦新颖的小汽车,不断更新,促使消费者频繁淘汰旧式样,而更新之后的设计,车体本身性能几乎没有提高,也很难对速度和节能产生影响。第二次世界大战后美国工业设计的实践仍然是建立在这一基础上,即强调设计的象征意义,迎合美国人追求新奇的心理。美国商业性设计的核心是"有计划的商品废止制",是指每隔一段时间,企业就会引进新的设计式样,人为地使以前的产品落后于时代,以此鼓励消费者去购买新产品,实现更新换代。这种商业策略虽有操纵消费者之嫌,但从客观上促进了生产和消费的发展,为当时的美国经济发展做出了贡献。

20世纪50年代的美国汽车设计是商业性设计的典型代表。随着汽车市场的饱和,第二次世界大战后汽车行业又采用了更新车型来刺激消费的策略,有效地促进了汽车市场的繁荣。亨利·厄尔(Harley Earl,1893—1969)从1927开始担任通用汽车外观设计部主任,一贯坚持流线型的汽车设计风格(图2-49),并将这种设计风格引入通用公司的凯迪拉克、雪佛兰、别克等一系列车型的设计中,取得了良好的销售业绩和利润。同时,福特和克莱斯勒等大型汽车公司,也采纳了工业设计领域对汽车形式不断更新的做法,生产了大批能迎合大众文化的流线型小汽车。

流线型设计的过分发展受到了批评,在汽车造型中尾鳍等装饰性部件的滥用,被认为是浮浅又缺乏品味的设计。被称为美国工业设计之父的罗维(Raymond Loewy,1893—1986),尽管他在第二次世界大战前也设计过不少流线型的汽车,但在20世纪50年代他也对这种过于表面化的设计提出了批评,认为这种设计违背了汽车稳定的机械基础,背离了对生产过程的考虑。他提出了MAYA原则,即"创新但又可接受"。著名设计师德雷夫斯(Henry Dreyfuss,1903—1972)也认为必须将新的形式与人们熟悉的模式结合起来,才能为消费者接受。罗维在第二次世界大战后仍活跃于美国的设计界,战后初期的一些设计还带有商业性设计的特征。1948年设计的可口可乐零售机就采用了

图2-49 厄尔和他为通用公司设计的流线型小汽车

流线型，该产品一度成为流行于世界各地的美国文化象征。

20世纪50年代美国工业设计的重大成就，还应首推1955年设计成功的波音707飞机。如图2-50所示，这架喷气客机是由波音公司设计组与美国著名工业设计师提革（Walter D.Teague，1883—1960）的设计团队共同完成的。提革与工程人员密切合作，使波音飞机具有很简练的现代感外形。美国总统的座机"空军一号"就采用了波音707飞机，并由罗维完成了它的色彩设计。

图2-50　波音707飞机

从20世纪50年代末起，美国的工业设计更加紧密地与行为学、经济学、生态学、人机工程学、材料科学及心理学等现代学科相结合，逐步形成了一门以科学为基础的独立完整学科，并开始由产品设计扩展到企业的视觉识别计划。这时的工业设计师更加重视设计中的宜人性、经济性、功能性等因素。美国宇航计划草创之初，肯尼迪总统便委任罗维为国家宇航局的设计顾问，从事有关宇宙飞船内部和宇航服的设计以及有关飞行心理方面的研究工作。图2-51是罗维设计的宇宙飞船内部和宇航服的效果图。20世纪70年代中期，罗维还参加了英国、法国合作研制的"协和"式超声速飞机的设计工作，这些都标志着工业设计发展到了新水平。

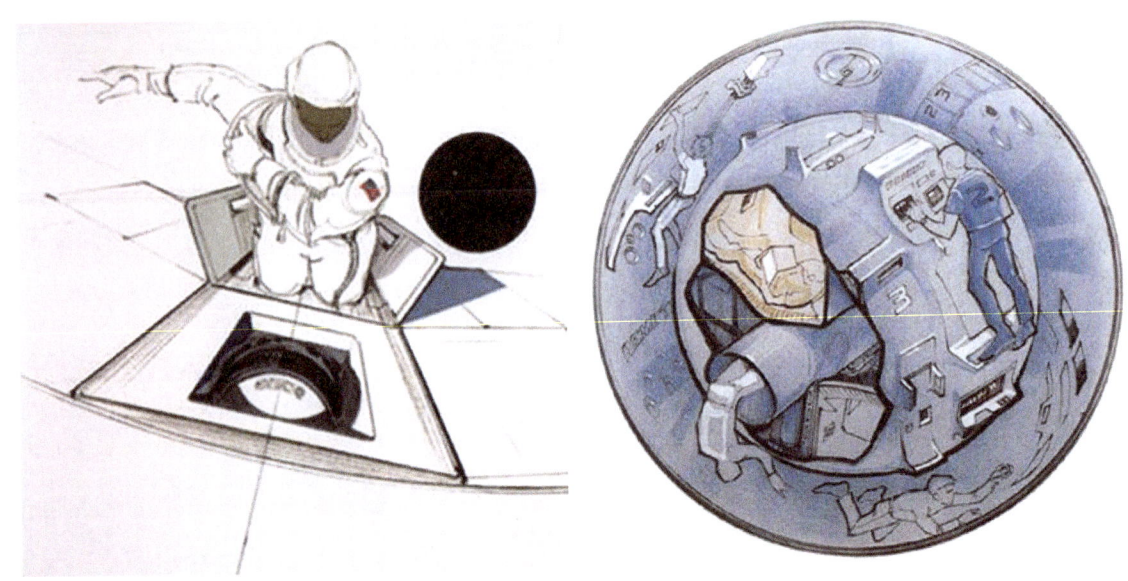

图2-51　罗维设计的宇宙飞船内部和宇航服的效果图

第2章 工业设计发展历程与现状

美国是个文化多元化的强大的经济实体，设计水平也走在世界前沿。20世纪80年代以来，随着美国制造业的衰退和服务业的发展，在信息技术的影响下，美国社会全面迈入以信息产业为特征的新时代，美国的工业设计呈现出全新的局面。

以个人设计为代表的设计大师的位置被一批新的独立设计事务所取代。新型的设计公司能够向企业提供更加全面的服务，它们不仅能提供产品开发设计，也能提供市场研究、消费者调查、人机学研究、公关策划、企业形象设计、企业网站设计与维护等诸方面的服务，并具有全球性活动的能力。另外，设计公司的设计手段也因计算机辅助设计的发展而发生了革命性的变革，功能强大的图形工作站和众多功能齐备的设计软件使工业设计更加灵活、快捷，工业设计本身也因此呈现出高科技的特征。同时，信息技术的发展、软件和网络的兴起，使得工业设计不仅仅重视产品和材料，而且已开始为信息和软件这一类非物质化的"软"因素服务。

美国是世界上工业技术最发达的国家，美国在高技术产品设计领域也独占鳌头，计算机、现代办公设备、医疗设备、通信设备等工业技术领域，成为工业设计的主要服务对象。工业设计师将多种集成电路、显示器、扬声器、控制面板、充电电源等，按照最合理的布局，内置于视觉形式良好的整体外壳中，使高技术产品日益小型化、便携化，成为人们日常生活的重要组成部分。例如，苹果公司1998年生产的iMac G3台式电脑（图2-52），当年销量达200万台，开启了苹果公司的新时代，展现了高科技产品依靠设计而产生的变化。这款机型采用了半透明的彩色机壳和圆润的雕塑般的造型，并有多种色彩供选择，高科技产品变得更加人性化和个性化。

图2-52 苹果iMac G3台式电脑

总部设在美国俄勒冈州波特兰市的奇巴（ZIBA）设计公司是国际著名的设计公司之一。他的客户包括联邦快递、微软、英特尔、西门子、三星、索尼、耐克等一大批知名品牌，近年还为我国的联想、李宁等品牌做过设计服务，是美国最具实力的设计和创新咨询机构之一。奇巴的设计理念是以简洁取胜，并强调产品的人机特性，因此公司的产品设计非常注重细节的处理。同时，奇巴也追求设计的趣味与和谐，通过色彩、造型、细节和平面设计使产品亲切宜人和幽默可爱，达到雅俗共赏。最近几年，奇巴将设计关注的重点放在品牌DNA的解读和重建上，注重产品服务和用户体验的创新，认为未来的创新将是体验的创新，而不再只是关注于产品本身。

IDEO设计公司也是国际领先的设计公司之一。IDEO的设计宗旨是站在消费者的立场来制造产品，也就是以用户为中心的设计方式，这种理念最强调的是创新。为符合这种创新原则，执行上也必须配合采用小而完美的组织，并在组织中加入不同专业背景的成员，以期在不同思想的碰撞中迸出火花。除了创新之外，IDEO在设计产品时，也考虑其他因素以发挥产品的商业价值，比如品牌、人机工程学、国际化、环境工程、电子工程，甚至连设计完成后要将产品移往何处生产都考虑进去。该公司的产品设计十分强调人机互动关系，使人们能以自然、方便的方式实现人机之间的信息传递。图2-53是IDEO设计的鼠标和交互式电子产品。IDEO在这方面进行了卓有成效的探索，是该公司设计的一款语音及书写的输入输出设备，可以实现语言及数据的传送。

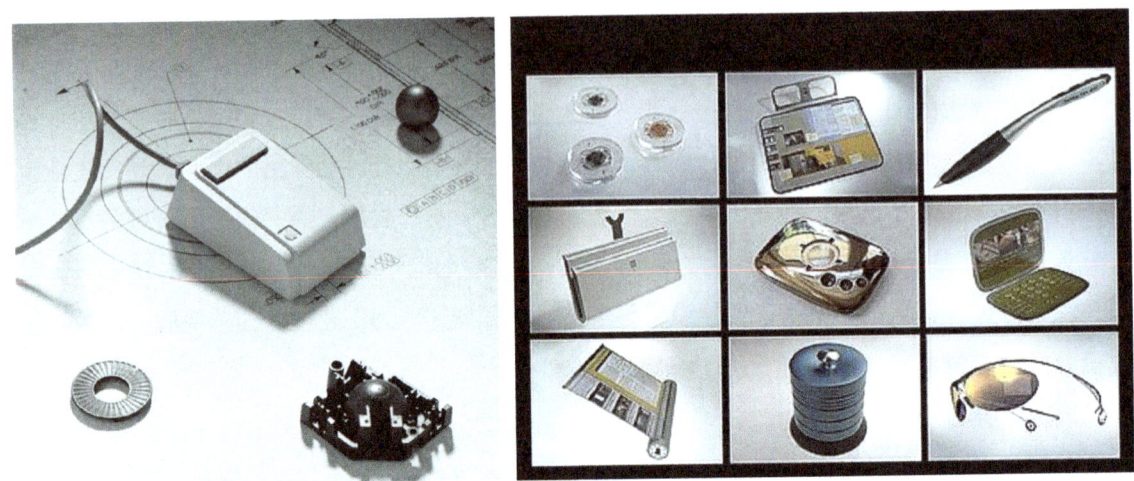

图2-53　IDEO设计的鼠标和交互式电子产品

美国是由诸多优秀企业构筑的现代化王国：交通工具设计与制造企业，如福特、通用、波音等；家具类企业，如霍沃思、诺尔、赫尔曼·米勒、斯蒂凯恩等；电子类产品企业，如苹果、惠普、微软、IBM、摩托罗拉等；其他知名企业，如百得、柯达、耐克等。它们都为整个美国设计文化和设计产业的发展做出了巨大贡献和努力，使美国成为世界多元设计文化的集大成之地。

2.2.3　亚洲工业设计的发展现状

1.日本现代设计的发展

日本的真正的设计发展，是第二次世界大战之后，特别是1953年之后。日本用了很短的时间，跃居到世界经济总量第二的位置。到20世纪80年代已经成为世界上最重要的设计大国之一，不但日用品设计、包装设计、耐用消费产品设计达到国际一流水准，连汽车设计、电子产品设计这类需要高度技术背景和长期人才培养的复杂设计类别，也达到国际一流水平，使世界各国对日本设计另眼相看，如图2-54所示。

日本设计实现了传统手工艺和现代科技并行不悖的发展模式。一类是传统的手工艺品，如木制家具、漆器及瓷器等，这类手工艺品朴素、清雅、自然，具有浓厚的东方情调；另一类则是批量生产的高技术产品，如高保真音响、照相机、摩托车、汽车及计算机等。这种高技术与传统文化的平衡正是日本现代设计的一个特色。

第二次世界大战前直到第二次世界大战结束初期，日本依靠"日本制造"发展劳动密集型的工业生产，当时的日本产品大多是廉价的玩具和制造工艺低劣的电器，用于发展出口贸

图2-54　日本的传统家居风格和高技术产品

易,很多工业产品直接模仿欧美的形式,价廉质次,整体上还没有建立起自己的工业特色。20世纪50年代开始,日本政府开始有意识地支持工业设计发展,鼓励制造商改进产品设计,以便在出口贸易中获得更大的市场和更多的产品附加价值。美国设计师罗维曾应日本政府邀请来日本工作,并于1953年出版了他的日文版自传,取得了巨大成功。此外政府还派遣日本企业的领导们赴美国学习工业设计。1952年,日本工业设计协会成立,1957年日本设立了"G"标志奖,以奖励优秀的设计作品。日本政府于1958年在通产省内设立了工业设计课,主管工业设计,并于同年制定公布了出口产品的设计标准法规,积极扶持设计的发展。同时,日本也建立起现代工业设计教育体系,培养了大批工业设计优秀人才。这些方法和努力逐渐树立了日本产品的形象,并将本土手工艺传统与现代工业设计结合,增强了日本产品在海外市场的竞争力。

日本著名设计师柳宗理(Sori Yanagi,1915—)毕业于日本艺术学院(目前为东京国立艺术音乐大学)。1950年,柳宗理成立了Yanagi设计机构,数十年来,所设计的家具、家用工具器皿不断获得各项大奖。柳宗理的作品最具特色之处在于将日本传统艺术与西方现代主义设计完美融合。1956年由柳宗理设计的"蝴蝶凳"很好地体现了日本现代设计与传统文化相结合的特征(图2-55)。凳子采用了曲面红木胶合板制成,使用两根金属杆连接,整体形式简洁高雅,虽然使用的是西方的制造工艺,但让人很容易联想起日本的传统建筑形式,并具备现代抽象雕塑的韵味。

日本工业设计的产品还有一个颇具吸引力的特点——个人电子产品的小型化、个性化,使得这些产品带有实现自我价值的特点。

图2-55　柳宗理设计的"蝴蝶凳"

工业设计初步

从20世纪50年代的无线电收音机、袖珍计算器，到60～70年代的随身听，直至90年代的CD播放器，设计的产品具备良好的便携性，又能体现现代科技的最新成果，因而广受欢迎。1958年，索尼公司设计的袖珍收音机开创了索尼产品大量出口的先河，据称这款收音机先后生产多达50万台（图2-56），其超薄、略带椎状的造型，适合方便舒适地手持；音量和调谐旋钮设计在同一侧，实现了单手持握时拇指能够灵活操作；可折叠的手柄减小了产品的体积，展开手柄，收音机也能固定在桌面上或悬挂使用。

图2-56 索尼公司设计的袖珍收音机

索尼是日本最早注重工业设计的公司之一，它的创始人盛田昭夫（Akio Moriti）本身就是一名设计师，他设计的产品具有简洁轻便的特点，其生产的电子产品以小型化著称。索尼注重引进世界先进的科学技术，并通过设计转化为个人电子产品。1947年，贝尔研究所发明了晶体管，这一奇迹般的器件注定将改变世界。但在当时，人人都认为它仅能应用于简单的助听器，索尼却于1953年购买了这项技术，并且制造出可以到处携带的"便携收音机"（图2-56）。用索尼自己的话讲，他们实现了收音机从"家具尺寸"到"口袋尺寸"的飞跃，同时也带来了小型轻便产品的开发热潮，并实现了人们一直盼望的个人电子产品的诞生。索尼于20世纪70年代生产的随身听（Walkman）（图2-57），更以其小型便携风靡全球，实现了人们"可以边走路边听音乐"的梦想。索尼的设计不是着眼于通过设计为产品增添"附加价值"，而是将设计与技术、科研的突破结合起来，用全新的产品来创造市场、引导消费，即不是被动地去适应市场。与索尼类似，尼康、佳能等企业也引进了先进的生产技术，在高品质专业摄影器材市场取得了巨大成功。

图2-57 索尼公司20世纪70年代生产的随身听

与索尼、松下等高技术企业不同，日本设计的另一个侧面可以从无印良品（MUJI）的例子中看出。无印良品公司成立于1980年，目前在全球已有300家连锁店。公司主要销售具有日本传统手工风格的制品（图2-58），体现了一种"无品牌的优秀作品"的设计策略，并代表了年轻一代的一种生活状态和保护生态环境的自然观

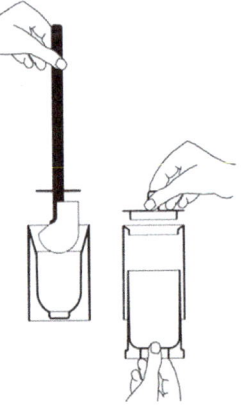

图2-58 无印良品设计的家居产品

念,比起那些时尚潮流的产品,无印良品简约的产品在功能性与审美力上显得更具持久力。

2. 韩国现代设计的发展

早在20世纪初期,韩国就意识到现代设计的重要性,第二次世界大战后,设计在韩国得到了更大的发展并成为其经济发展的重要因素。韩国的工业设计始于1960年,在此以前的设计只是将纯美术的因素用于工业生产。20世纪50年代前期,金星社电子公司虽然首先开始了对本企业生产的收音机、电扇的外形进行了专门设计,但是企业对设计工作的认识始终限于实用美术的阶段。到了20世纪60年代,韩国制定了经济发展的五年计划,此后出现了生产的增长和出口扩大,对设计的认识也由工艺概念进而发展为工业设计的概念,韩国工业界开始重视工业设计。除金星公司外,三星电子、现代汽车、"大韩"电线及起亚汽车等企业都有不少工业设计人员,很多中小企业也开始雇佣工业设计师。

1965年,韩国议会通过了成立韩国设计研究中心的决议,后改为韩国设计中心。进入20世纪70年代之后,韩国的工业设计无论在教育方面还是在实际生产方面,都取得了很大的进展。1971年韩国工业设计协会成立,并在商工省设置了设计包装部门,负责处理有关问题。到了20世纪80年代,工业设计教育迅速发展,在一些著名的综合性大学和理工大学内开设了工业设计专业。2001年国际工业设计协会理事会在汉城召开了主题为《探讨新的设计范式——Oullim(融洽)》的设计大会,韩国在设计领域的积极行为逐渐在国际上得到了广泛的认可和赞誉。

21世纪,韩国设计在全球范围内已经取得了一定的地位。全国有近8万名设计师在各个领域从事设计工作,其中产品设计师多达2万名。尤其在电子和汽车工业领域,几乎所有企业都设置了内部的设计机构。如三星公司,目前在各地区已有近500名设计师,而且他们还经常与国内外的设计机构一起合作开发产品,如图2-59所示的971p显示器就获得了IDEA 2007工业设计电脑设备产品设计金奖,是三星设计变革取得的成果之一;LG则视自己为具有欧洲现代企业文化的亚洲企业,并在东西方两种文化中频繁变换,以寻求最佳的融合途径;汽车工业领域,现代、起亚以工业设计为优势,在国内外市场上取得了辉煌的成就。

图2-59 三星971p显示器

2.3 我国工业设计的发展与现状

我国探索自主创新之路方兴未艾,工业设计必将成为创新之路上的重要力量。数百年工业文明发展已经证明,设计业的蓬勃兴起,是创造自主品牌的必由之路,也是创新品牌的一条有效且便捷的途径。

随着我国经济建设的快速发展,工业设计为增强我国企业和产品在国内外市场上的竞争力,已经起到了显著作用。工业设计产业化的脚步日益加快,可以预测,21世纪是设计的时代,将是独具东方文化魅力的中国设计的时代。

2.3.1 工业设计的引入与认识

中国真正意义上的工业设计产生于改革开放之后。20世纪50年代以前,中国处于战乱动荡的年代,中国孱弱的资本主义工商业在与洋品牌的竞争中,萌发了"工艺美术"的概念,借此美化"国货",并利用商业广告的形式进行宣传,如图2-60所示是20世纪30年代,青岛国产哈德门香烟的宣传画册。新中国成立后,"工艺美术"得到了相当程度的发展,但与工业大生产结合程度尚不紧密,很难称得上是真正的工业设计。改革开放后,国门重新打开,中国工业化和现代化进程迅速推进,作为提升企业核心竞争力的工业设计进入了大众消费市场,并得到了长足的发展。20世纪90年代以后,中国开始逐步融入信息社会的巨型网络中,工业设计在后工业时代的特点在中国更是曙光初现。

图2-60　20世纪30年代中国的香烟宣传画册

20世纪70年代末80年代初,工业设计概念开始从国外引入中国。工业设计在国内的最早出现不是基于企业的需求,而是遵循着"理论先行"的模式。"理论先行"导致了"教育先行",体现为高校工业设计教育空前繁荣,各地高校纷纷设立工业设计专业,招生人数也急剧增加,但是工业设计产业并没有真正形成。

当时的中国制造业仍然在追求数量和产值,对于产品的外观质量和知识产权的考虑,几乎可以忽略。例如,1985年我国生产了3235万辆自行车,986万台缝纫机,38亿件陶瓷……但是,透过巨大的数字背后,我们看到的是中国产品对国外早已被淘汰的产品的简单模仿,在技术相对落后的制造业条件下,当时生产的日常用品大多是模仿西方国家20世纪初期的设计,基本毫无设计含量可言。

20世纪90年代,工业设计在我国的发展出现了新的转机。在这之前,企业竞争的核心主要是填补市场空白,根本没有考虑工业设计的问题;此后,在激烈的市场竞争中,工业设计逐渐被重视,尤其是加入WTO之后,中国企业又面临着国际的激烈竞争和知识产权保护,迫使企业不得不放弃一味模仿,开始自主创新。

同时,工业设计也越来越受到政府部门的重视。2007年2月12日,中国工业设计协会朱熹理事长向温家宝总理呈送了《关于我国应大力发展工业设计的建议》(简称《建议》),2月13日温总理在《建议》上批示:"要高度重视工业设计",并将《建议》转请国务院副总理曾培炎同志、国务院委员兼秘书长华建敏同志阅示,请国家发改委同有关部门研究。可见,工业设计在中国的认可程度正逐步提高,创新在各个领域已凸现,且成必然趋势。

2.3.2 制造业创新与工业设计发展

20世纪最后10年,中国以廉价劳动力和巨大的消费市场的优势,迅速发展成为"世界工厂",国外企业纷纷在华设立分支机构。伴随着各大企业在中国市场的丰厚利润和广阔前景,诺基亚、摩托罗拉、索尼、通用等许多跨国公司都陆续在中国设立了设计研发部门,并组建了实力较强的本土化设计团队。外企的中国研发中心,有效地解决了自身企业的本土化设计问题,同时,这些相对前沿的设计中心,也一定程度上带动了中国的设计公司和设计团体的发展。

国内企业设计创新的意识在世界市场的大潮中应运而生。联想创新设计中心中的百余人的设计队伍不仅来自中国本土,还来自新加坡、德国、新西兰、意大利等国家;所设计的产品不仅加强了联想在全球PC市场的领先地位,还强化了其品牌形象。联想创新设计中心的作品曾多次获得世界最著名的三项工业设计领域大奖(IDEA、red dot、iF)和日本G-Mark工业设计大奖、亚洲最具影响力设计奖、Intel创新PC奖等奖项。10年前,联想推出一款别致的"天禧"PC(图2-61),其具有半圆形的机箱和显示器、当时最新奇的"一键上网"功能、7个前置USB接口。这一源于贝壳形式的台式电脑,从面世开始热销3年之久,最终这款产品创下了年产值37.5亿元的纪录。从此以后,联想不断推出了天骄、锋行等时尚产品,其设计上出奇制胜的故事也在市场中反复重演。

当然,时尚型电脑市场并非是联想独揽风光,方正、TCL、紫光等厂商也纷纷在设计方面频频发力。以方正为例,它最新推出的儿童系列"鼠米电脑"就让不少低年龄的消费者爱不释手(图2-62)。TCL在前不久推出的极富柔美情调的女性专用电脑"SHE"也颇受女性客户的青睐。相对于前几家厂商,紫光电脑的设计风格有点中规中矩,但紫光目前在电脑上尝试了独特的镜面效果、半透明装饰条、蓝色大旋钮开关,市场卖点也节节升高。

图2-61 联想"天禧"PC

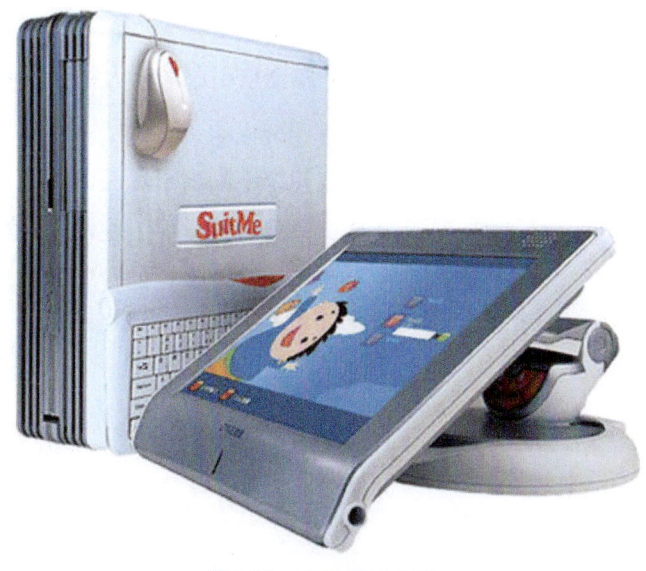

图2-62 方正鼠米电脑

工业设计初步

中国的电子制造企业无疑成为了"中国设计"的鲜明路标。海尔作为国内最大的家电生产商之一，频频获得国际设计大奖。海尔嵌入式酒柜和"小小神童"洗衣机获得了日本G-Mark大奖，第一次打破了由索尼、松下等日本本土企业包揽该类奖项的历史。"三超双新风"空调获得了2006德国iF工业设计大奖，实现了该奖项设立53年来中国家电品牌"零"的突破（图2-63）。正如海尔总裁张瑞敏所说："是工业设计拓宽了海尔国际化更宽广、更高端的路程。"

尝到了产品设计创新甜头的中国电子企业不断在工业设计领域加大投入力度。海尔每年投入8000多万元的设计费用，其旗下的"海

 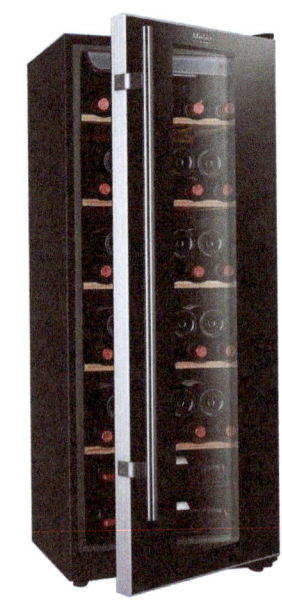

图2-63　海尔设计的空调和酒柜

高设计公司"是世界一流的工业设计公司，在世界各地设立了6个设计分部、10个设计中心，能够整合世界范围内的设计资源。同样，长虹集团在国内成立了第一个工业设计中心，并与东芝、三洋等世界著名企业建立了14个联合实验室，1000多名工程师中工业设计的人员占到1/3以上，成为国内工业设计人员最多的企业。

与此同时，成百上千的设计公司在上海、北京、深圳和广州快速成长，这些城市也因此充满了灵感和创意活力。2008年，深圳被世界联合国教科文组织评定为中国首个"设计之都"，这标志着中国设计的产业规模和水平正在飞速发展，并且随着中国经济腾飞和日益强大的经济实力，势必会走出一条风格鲜明、享誉世界的中国设计之路。

思考题

1. 工业革命所引起的巨大社会变革对现代设计的发展产生了怎样的影响？
2. 如何理解包豪斯的教育体系与当代设计教育之间的联系？
3. 比较几个不同国家现代设计的特点（例如德国和意大利）。
4. 展望信息时代世界工业设计的发展趋势。
5. 分析中国工业设计的发展历程，中国设计有哪些优势和不足？

第 3 章

工业设计从业知识体系与技能素质

本章教学目的：通过课堂讲解和案例分析，使学生了解工业设计从业者需要掌握的主要知识体系框架，熟悉从事工业设计工作应具备的技能素质，使学生掌握专业学习的思路和侧重点，为后续的各类专业课程学习打下基础。

本章学习重点：明确工业设计中技术与艺术的关系，理解二者平衡的重要性，了解重点的工程技术知识，了解提高艺术审美素养的方法，增强深入观察生活的观念和意识，树立工业设计专业的社会责任感。

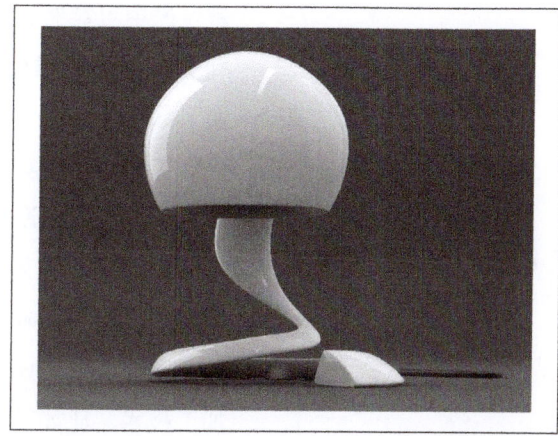

工业设计初步

3.1 工业设计中的工程技术

3.1.1 工程技术基础知识

1.机械工程基础知识

工业设计是综合性的应用型专业，牵涉到多方面的专业知识。与很多交叉性学科一样，工业设计对从业者知识和能力的要求也比较高。初看起来设计师只是做了一个漂亮的"外壳"，但在其后隐藏着的一系列提出问题和解决问题的过程，除工业设计特有的专业技术以外，设计过程中涉及的知识领域非常广泛，尤其是需要相关工程技术方面的支持，如工程技术基础知识、人机工程与社会学知识、工业工程与市场营销学等。

（1）产品加工制造工艺　影响设计的因素相当多，包括用户研究、市场、时尚风潮等多个方面，但就技术而言，常常会给设计带来意想不到的影响。一方面，技术相对来说是最难妥协的客观条件；另一方面，设计师就自身的能力而言也无法熟悉所有相关领域，因此更多时候只有靠工程师的技术支持，共同确定待开发产品的功能与特征。

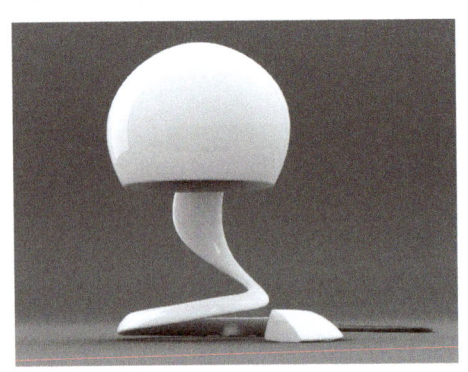

图3-1　分件困难的台灯造型

一般来说，产品的制造工艺根据材料的特性可大致分为：塑料制品的挤出、注射、吹塑、真空、模压、发泡等成型工艺；金属材料的锻造冲压、铸造、切削磨削、焊接等加工工艺；陶瓷材料（含玻璃等广泛的无机非金属）的烧结等成型工艺。还有很多其他的复合材料，其加工方法更加复杂。设计师应了解相关技术，在产品开发过程中不断与工程师协调、沟通。假如设计师缺少必要的生产工艺知识，就无法规避生产中可能遇到的问题，设计出来的产品即便形式完美，但是很难生产出来，设计也失去了本身的意义。如图3-1中的台灯造型设计，没有考虑到成型和分件工艺，在现实制造中产生很大麻烦，甚至即便生产出来也达不到设计效果。

随着加工工艺的提高，越来越多的复杂造型都可以被加工出来，唯一的问题只是投入产出的考虑。设计师需要综合考虑项目的要求决定是否采用更复杂的加工技术。比如精密铸造技术，使用失蜡铸造、熔模精密铸造工艺可以帮助设计师设计制造任何复杂的造型，如图3-2、图3-3所示。

图3-2　熔模精密铸造技术制造的叶轮

第3章 工业设计从业知识体系与技能素质

（2）产品的材质和表面处理　相对前面讲到的加工制造手段，产品的材质和表面处理则更贴近设计师感性的、视觉化的思维方式。假如说前者可以较多地寻求工程师的配合，那么后者则明显是设计师"分内"的工作。随着消费者对于产品品质要求的升级，以及企业在颜色、材质和工艺（Color Material Finishing，CMF）上的研发日益深入，CMF不再仅仅是用于装饰，而成为产品不可或缺的有机组成。CMF和众多因素共同决定了产品设计的整体形象。这方面设计师需要做的是了解材料的各种特性和不同表面处理带来的感官体验——包括视觉和触觉上的，通过CMF来反应产品诉求和市场定位。

如2006年上市的LG"巧克力"手机KG90和紧随其后的闪耀（shine）手机，将CMF对产品的提升作用推到了顶峰，也一举将名不见经传的LG手机推向了世界，如图3-4所示。苹果公司（Apple）出品的Mac Book笔记本电脑，新的设计中最鲜明的是从铝块中切割而出的一体化机身，除了在强度和轻质上得到了很好的平衡外，视觉效果上也带来了新的体验——丰富而又简洁的形体感以及硬朗明快的边线，如图3-5所示。

惠普公司（HP）最近生产的个人笔记本电脑，其顶盖普遍采用模内转印的表面处理技术，并在一段时间内形成了一股风潮，成为笔记本外壳处理的主流技术。这种产品的表面处理优点是在成型产品表面增加一层透明涂层，起到防磨防刮的作用，涂层内层还可以设计压纹，形成"暗纹"图案，具有很好的视觉效果。它不但打破了笔记本电脑表面单色系一统天下的局面，让笔记本电脑体现独有的纹理效果，还大大加强了笔记本电脑表面的抗磨损功能，如图3-6所示。

图3-3　采用精密铸造技术的开球木杆

图3-4　LG"巧克力"手机

图3-5　整块铝材切割出来的Mac Book笔记本电脑

图3-6　采用模内转印技术的HP笔记本电脑

2. 计算机辅助设计知识

在设计过程中，利用计算机作为工具，帮助设计师和工程师进行设计的一切实用技术的总和被称为计算机辅助设计（Computer Aided Design，CAD）。随着工业的迅速发展，计算机辅助设计在机械、建筑、服装、电子、航天、造船、冶金、纺织等众多领域得到广泛应用。回顾CAD的发展历史，初期仅以二维绘图为主，目的在于替代传统的手工绘图；进入20世纪80年代以来，计算机技术突飞猛进，特别是微机和工作站的发展和普及，再加上功能强大的外围设备，如大型图形显示器、绘图仪等的问世，CAD技术由平面进化到三维领域，并开始进入实用化阶段。近年来，人工智能和专家系统技术引入CAD，出现了智能CAD技术，使CAD系统的问题求解能力大为增强，设计过程更趋自动化。可以预见的是，随着技术的发展，设计人员将从繁重的程序操作中解放出来，集中精力进行更具价值的设计思考。

工业设计是产品开发的重要环节，它和生产制造、质量管理等企业行为一起被整合在计算机集成制造系统中（Computer Integrated Manufacturing Systems，CIMS）。在这个系统中，各项作业都已有了其相应的计算机辅助系统，如计算机辅助设计（CAD）、计算机辅助制造（CAM）、计算机辅助工艺规划（CAPP）、计算机辅助测试（CAT）、计算机辅助质量控制（CAQ）等，产生了集成化的全局效应，进而有助于企业缩短产品设计时间，降低产品的成本和价格，改善产品质量和服务质量，以提高产品的市场竞争力。在这个CMIS系统中，工业设计有自己的定位——计算机辅助工业设计（Computer Aided Industrial Design，CAID）。广义上说CAID是CAD的一个分支，许多CAD领域的方法和技术都可加以借鉴和引用，但CAID也有自己的特征。计算机辅助工业设计技术不但涉及CAD技术，还包括人工智能技术、多媒体技术、虚拟现实技术、优化技术、模糊技术、人机工程学等信息技术领域。在设计软件及相关技术层面，当前的焦点主要集中在计算机辅助造型技术、CAID中的人机交互技术、智能技术以及新兴技术的应用研究等方面。

在产品设计的不同阶段，分别有相对应的计算机软件来帮助设计师完成任务，从开始的设计调查到后期的设计表达、评价，以至发送给下游的CAD进行装配、分析、评价等。

（1）计算机辅助设计调研　在初期的设计调查中，设计师经常面对市场调查公司交付的材料。这些材料要么过于专业，设计师无法深入了解；要么过于战略化，导致设计师无法从中得到对设计有指导性的信息。因此在一般项目中，更多的是由设计师独立完成前期的设计调查工作。除了从网络或者企业内部资源获得项目的概况以外，设计师最关心的是有关用户隐性需求的挖掘。一般通过对用户年龄、行为特征、喜好等进行区分，进而得到不同的族群；另外一种情况是，设计师需要知道用户对某类产品的态度，采用既有的产品或者新设计的草案来征求潜在用户的意见。

无论哪种情况都会涉及一个数据处理的问题。一般常用的软件有Excel、SPSS等，它们可以对数据进行系统的排列和专业的分析计算，尤其是SPSS的统计功能，包括了近期发展的多元统计技术，如多元回归分析、聚类分析、判别分析、主成分分析和因子分析等方法，并能在屏幕（或打印机）上显示（打印）如正态分布图、直方图、散点图等各种统计图表。SPSS

第3章　工业设计从业知识体系与技能素质

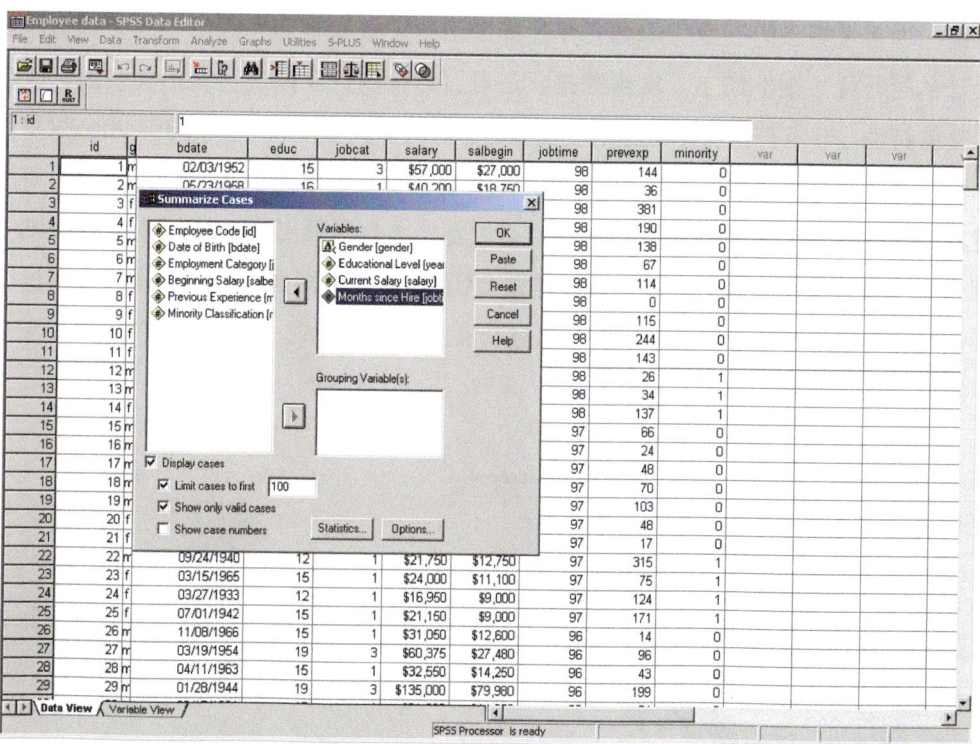

图3-7　SPSS的软件界面

软件可以帮助数学功底不够的使用者学习运用现代统计技术，SPSS的软件界面如图3-7所示。使用者仅需要关心某个问题应该采用何种统计方法，并初步掌握对计算结果的解释，而不需要了解其具体运算过程。

（2）计算机辅助造型　经过二十多年的探索，计算机辅助造型技术已发展到特征造型和参数化、变量化设计阶段，为实体模型向产品模型的转化铺平了道路。同时，CIMS、并行工程等设计制造模式的发展，使得工业设计师交付的产品三维数字模型必须在整个设计周期内进行各种模型数据的转换和网络传输、信息共享等。这些都对计算机辅助造型技术和数据接口提出了更高的要求。

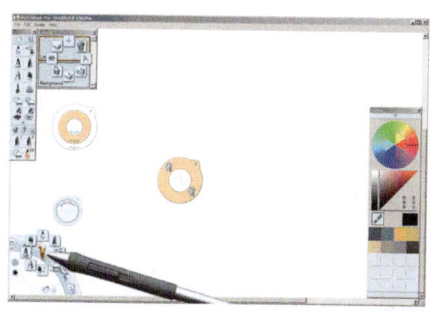

图3-8　在计算机软件中进行草图的绘制

CAID类软件中，Autodesk公司的Alias系列软件最为强大，包括Alias Design、Alias Surface和Alias Automotive。其中Alias Design软件专门面向消费产品设计师——解决从概念到曲面设计，直到曲面进入工程设计阶段的整个设计流程。软件还支持设计师利用草图、插图、照片级别渲染和动画快速开发与交流产品设计概念等工作，如图3-8、图3-9所示。

草绘阶段，可以借助Alias的绘图模式创建实际大

图3-9　著名的计算机辅助设计软件Alias

59

小的草图，并参考导入的三维CAD数据（比如手机的主板和电池等内部布局）进行绘制，以确保设计的可行性（图3-10）。难得的是，还可以对绘制的草图进行变形和扭曲，改变图像比例或整体特性，非常符合设计初期感性多变的思考方式。重要的是，和3ds max这样的动画软件制作出来的纯视觉模型不同，Alias建造的模型本身具备下游的工程软件接口，可以很方便地导入CAD软件中，并进行后续作业；也可以直接将数据导出到计算机数控（CNC）机器中，制作实物模型（图3-11）。数字建模是整个CAID过程中相当重要的一环，没有这个通用的数字模型作载体，产品造型设计在整个产品开发过程中就变成一座"信息孤岛"，无法和上游、下游作业正常连接。

图3-10　Alias软件的工作界面

图3-11　计算机控制的模型加工

另外，还有一款同为NURBS核心的曲面建模工具在业内非常流行，软件名为Rhinoceros（图3-12、图3-13）。其特点是软件小巧，功能适中。虽然没有Alias功能强大，但是除大型交通工具以外的数字建模任务也能轻松胜任。目前，该软件已经更新到第四个版本。除去软件本身，丰富的插件也使得Rhinoceros的应用变得更加广泛，比如广为应用的建模插件T-Spline（图3-14）。T-Spline是由Alias公司领导开发的一种新的建模技术，它结合了NURBS和细分表面建模技术的特点，虽然和NURBS很相似，不过它减少了模型表面上的控制点数目，可以进行局部细分和合并两个NURBS面片等操作，使建模操作速度和渲染速度都得到提升，用户的草模推敲速度也大大地提升。其实更重要的是，用户的思维可以更加开放，花更大的精力在设计上而不是NURBS建模中常见的"分面"思考上。

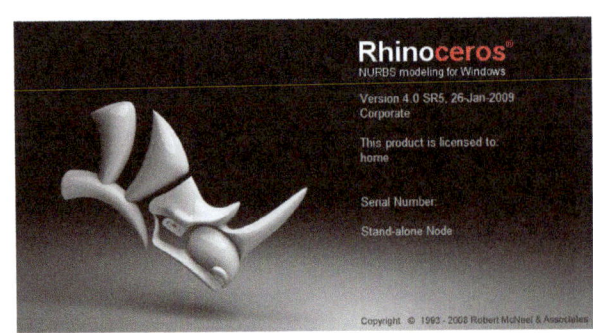

图3-12　小巧的Rhinoceros工业设计软件

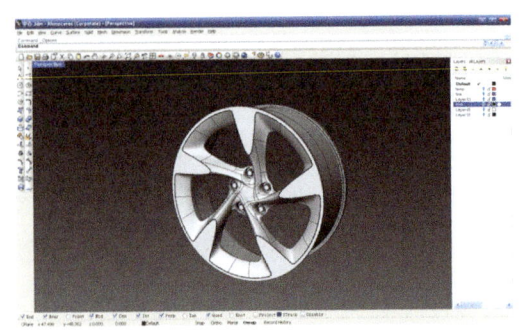

图3-13　Rhinoceros的工作界面

像3ds max、ZBrush之类的软件，更多称之为CG（Computer Graphics）软件。顾名思义，是用来制作视觉效果。很多人认为其对工业设计帮助不大——虽然大部分人会使用它进行三维数字模型的渲染。必须注意的是，像3ds max这样的CG类软件其建模功能还是很强大的，其多边形建模有些类似泥塑雕刻一样的方式，很适合做复杂、有机的曲面形态（图3-15）。这种建模思路恰恰和设计师在创意初期头脑中的形态从模糊到清晰的过程是一致

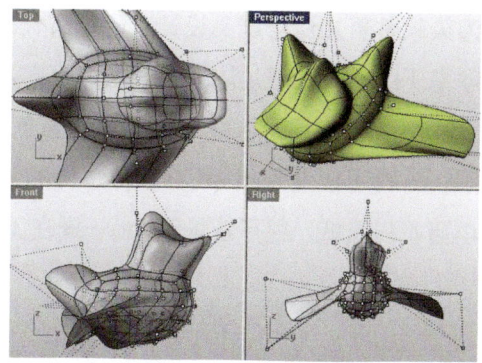

图3-14　T-Spline插件中灵活的建模方式

的。另一方面，NURBS核心的曲面建模工具固然精准，并且几乎可以完成任意的曲面，但是其建模思路并不适合初期的形态推敲，只适合建造某种确定的形态。设计师在很多情况下还是只能靠纸笔在二维空间推敲，所谓的CAID软件并不能提供直接的帮助。综合比较两种建模软件，由于CAID类软件的数据输出要求，NURBS核心的建模软件还是略胜一等。但是越来越多的设计师已经注意到这一点，在寻找适合的软件来支持初期的形态推敲工作。

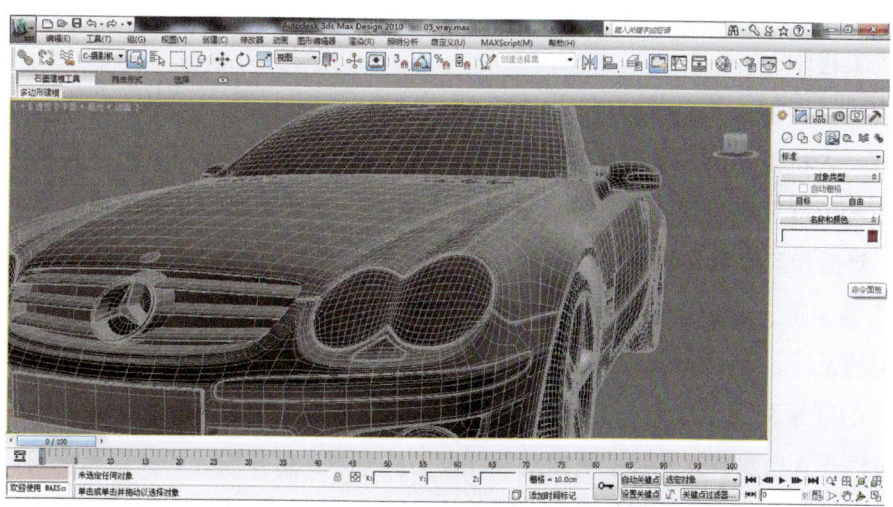

图3-15　3ds max中传统的多边形建模方式

（3）计算机辅助设计表达　传统中的设计表达形式主要包括纸质手绘产品效果图、工程图和实物模型。有了计算机的参与，如今的产品表达和演示有了长足的进步。最常见的是产品的三维渲染软件。当设计师确定设计方案之后，利用渲染软件赋予建立好的三维数字模型以材质、灯光等属性。比如上述的CG软件3ds max，配合专用的渲染插件，可得到接近真实的产品效果，非常直观，如图3-16所示。

除了这种CG式的静渲染，一些面向工业的专

图3-16　3ds max中利用HDRI渲染的汽车效果图

渲染软件更加适合产品设计，比较有代表性的就是Hypershot。它是Bunkspeed公司出品的一款基于Luxrender的实时渲染器。所谓实时渲染，即是说通过旋转模型或者其他修改，立刻就可以直观地看到修改结果，不需要重新渲染。图像质量方面，只要对光影和材质有必要的了解，一样可以制作出像CG软件那样的效果。总体来说，以Hypershot为代表的实时渲染软件小巧、门槛低，很可能像Rhino一样在工业设计领域广泛流行，如图3-17、图3-18所示。

图3-17　实时渲染软件Hypershot作品1

图3-18　实时渲染软件Hypershot作品2

3.1.2　人机工程与社会学知识

1.人机工程学

国际人机工程学学会（International Ergonomics Association，IEA）对人机工程学所下的定义如下：人机工程学是研究人在某种工作环境中的解剖学、生理学和心理学等方面的因素；研究人和机器及环境的相互作用；研究在工作中、家庭生活中与闲暇时怎样考虑人的健康、安全、舒适和工作效率的学科。

人机工程学是工业设计领域重要的研究内容之一，设计离不开研究，未来的设计更多的是基于研究的设计。工业设计作为一个行业产生于工业时代，社会需要其为"机器"做设计，艺术与工业的联系深深地植根于工业设计专业中。今天，设计正迅速地变得较少针对"物"而更多地关注于人自身，这是社会需求对设计发展的要求。很多设计师已经意识到设计影响行为，设计能直接影响生理和情感的反应。随着用户研究的进一步深入，真正了解人的专家——不论是否是设计师，都将主导设计。和其他研究人的科学不同，人机工程学研究的是"系统中的人"，是人与系统中其他组成部分的交互关系。也就是将人放到人-机-环境系统中来研究，从而建立以人为中心的设计体系。

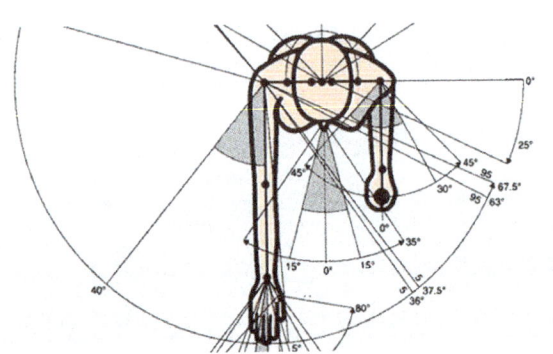

图3-19　人体测量

（1）身边的人机工程学　传统的人机工程学，亦即是应用人体测量学、人体力学、劳动生理学、劳动心理学等学科的研究方法，对人体结构特征和机能特征进行研究，提供人体各部分的尺寸、重量、体表面积、重心以及人体各部分在活动时的相互关系和可及范围等人体结构特征的参数内容。比较常见的应用如图3-19中人上肢活动范围的研究与测量，可以作为机器设备设计中的重要人机参考因素。在日常产品中，也能随处见到人机工程的应用，具有代表性的鼠标设计如图3-20所示，其尺寸、形态、按键排布都与人手的生理构造密切相关，能够直接影响使用者的工作效率和使用体验。

图3-20　人体工学鼠标

（2）人-机-环境系统　正像上文提到的，人机工程学是将人放到人-机-环境系统中来研究。所谓系统就是由相互作用、相互依赖的若干组成部分结合而成的具有特定功能的有机整体。系统可以被看做是一个可以实现某个目标的存在物的全体。人机系统包括人、机两个基本部分，如图3-21所示。人机系统可以看做是一个信息环路，左边是人的信息接收、加工和处理的过程，右边是与人进行交互的所有硬件和软件的总和，是设计的对象。把这个组合放到环境中，加入环境的影响因素，就形成了一个比较完整的人-机-环境系统。

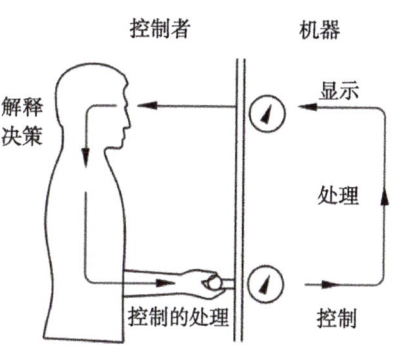

图3-21　一个典型的人机系统

图3-22所示的是2006年德国红点设计奖作品——"家用灭火器"，就是一个典型的以人-机-环境系统为背景的设计案例。虽然最终的设计是灭火器本身，但是从人-机-环境的系统角度看，整个的流程都被优化，系统的响应时间缩短，提高了执行效率。

（3）发展中的人机工程学

1）人机界面技术研究。在人机工程学中，人机界面是最重要的一个研究分支，它是指人-机间相互施加影响的区域，凡参与人机信息交流的一切领域都属于人机界面。可将设计界面定义为设计中所面对、所分析的一切信息交互的总和，它反映着人与物之间的关系。广义的人机界面是指在人机系统模型中，人与机之间存在一个相互作用的"面"，称为人机界面，人与机

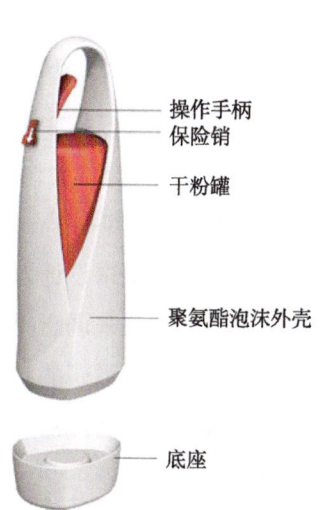

图3-22　家用灭火器设计

之间的信息交流和控制活动都发生在人机界面上。狭义的人机界面是指计算机系统中的人机界面。人机界面是计算机科学中最年轻的分支科学之一，它是计算机科学和认知心理学两大科学相结合的产物，同时也吸收了语言学、人机工程学和社会学等科学的研究成果。通过三十余年的发展，已经成为一门以研究用户及其与计算机的关系为特征的主要学科。尤其是20世纪80年代以来，随着软件工程学的迅速发展和新一代计算机技术研究的推动，人机界面设计和开发已成为国际计算机界最为活跃的研究方向。

2）虚拟人机工程学。计算机技术、信息技术、生命科学、工程科学等领域的发展为人机工程学提供了新的研究领域。尤其是计算机图形学、虚拟现实以及高性能图形系统的进步，使人机工程学不再局限于传统的人体测量数据等应用范围，而是充分利用计算机的高性能图形计算能力建立3D图形化、交互式、具有真实感的虚拟环境和仿真评价平台。比较有代表性的就是"虚拟人"技术，它可以充分地对人机功效进行分析和评估，实现以人为中心的产品设计。技术成熟的虚拟人可以作为真人的替身应用于各种科学实验中，包括在医学、航空、航天、建筑等各个领域。

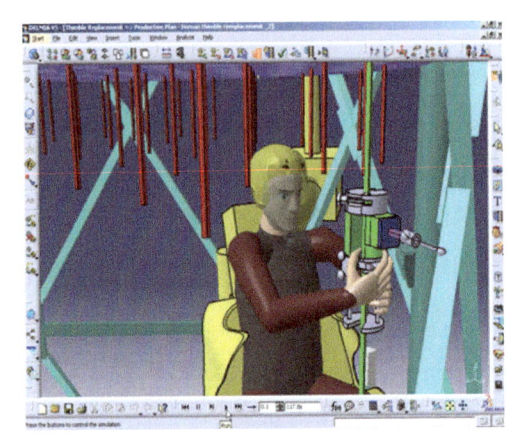

图3-23　软件中的虚拟人机交互

以汽车领域为例，在开发过程中基本采用全数字化设计和全数字化样机分析，包括乘员坐姿、视野、操纵、上下车、碰撞模拟、安全气囊等，如图3-23所示。

2. 工业设计与社会学、心理学

工业设计发展到现在，已由以"机器为本"的设计理念转化为"以人为本"的设计理念，人成了设计的核心和首要研究对象。设计师必须了解社会学知识和心理学知识，权衡艺术、消费者需求之间的关系，充分做好前期的用户研究，规划产品设计框架。

（1）社会学在工业设计中的应用　社会学是从社会整体出发，通过社会关系和社会行为来研究社会的结构、功能、发生、发展规律的综合性学科。它从过去主要研究人类社会起源、组织、风俗习惯的人类学，转变为以倾向研究现代社会发展和组织性或团体性行为的学科。在社会学中，人不是作为个体，而是作为一个社会组织、群体或机构的成员存在。今天，社会学家对社会的研究包括了一系列从宏观结构到微观行为的内容。

工业设计要求设计以"用户为中心"，研究用户首先要了解社会学的基本知识，通过社会学的研究方法来调研用户的基本需求、生活习惯、生活方式等，并在后期的用户反馈调研中，采用社会学调研的基本手段，如问卷、面谈、观察，对产品使用行为等方面作统计和研究，了解用户使用产品后的反馈。通过用户研究可以使产品贴近市场需求，贴近用户的真实需求。

很多公司注意到用户研究的重要性，开始建立用户研究部门，以设计师和社会学专业背景的人员共同合作，通过大量的调研数据和研究结果来支持后期的产品设计。工业设计师通过社会学研究及调研提供的资料了解人生理、心理、生活习惯等一切关于人的自然属性和社会属性，进行产品的功能、性能、形式、使用环境的定位，保障了设计定位的准确性。

（2）设计心理学在工业设计中的应用　设计心理学是一门新兴的学科，也是一门边缘学科，属应用心理学范畴，是心理学和设计艺术学结合的产物。在工业设计中，设计师只有把握消费者心理，遵循消费行为的规律，才能使设计的产品满足用户的需求和使用心理。设计心理学产生在20世纪40年代末并不断发展，近年来，在设计心理学发展有突出贡献的一位重要人物——认知科学和心理学家唐纳德·诺曼（Donald Arthur Norman），他撰写了《设计心理学》（The Design of Everyday Things），书中通过分析日常生活中的产品设计优缺点来深入浅出地阐述了设计心理学的应用，对在设计领域应用认知心理学知识进行实例分析起到了促进作用。

设计心理学要求设计从人的需求入手，而需求就是消费者购买产品的动机，著名美国人本主义心理学家马斯洛把人的需求分为五大类：生理需求、安全需求、归属需求、尊重需求、自我实现（图3-24）。从五种需求来看，只有一个是生理需求，其余四个都偏重于心理需求，人本主义心理学的这种需求模型受到广泛认可，可以作为工业设计分析用户需求的重要工具。

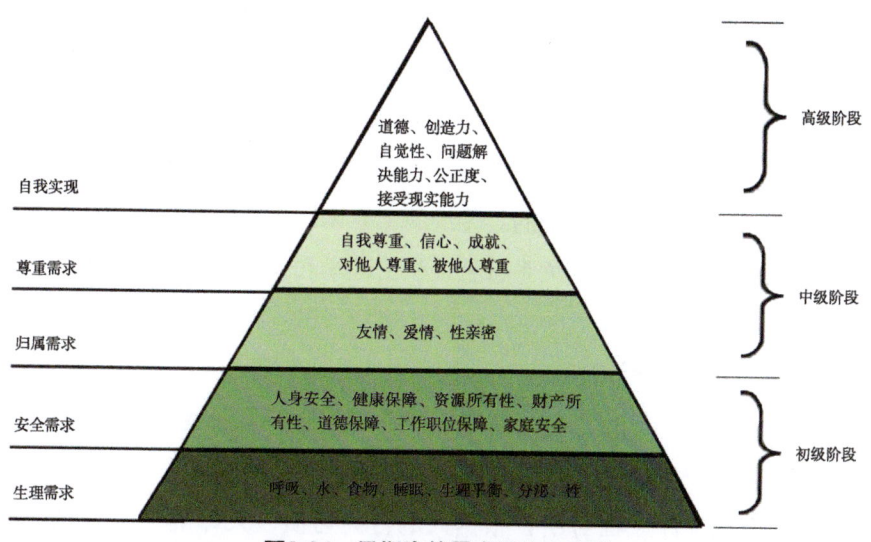

图3-24　马斯洛的需求层次金字塔

设计心理学研究方法多种多样，一般常用的研究方法有观察法、访谈法、问卷调查法、试验法、个案研究法等，一方面是定性的研究，一方面为定量的研究。进行用户研究的过程中，往往抽取典型用户，然后进行深度访谈，通过后期数据分析和整理来进行研究。

3.1.3　工业工程与市场营销学

1.工业工程

工业工程（Industrial Engineering，IE）起源于20世纪初的美国，是从科学管理的基础上发展起来的一门应用性工程专业技术。由于工业工程的内涵强调综合地提高劳动生产率、降低生产成本、保证产品质量，使生产系统能够处于最佳运行状态从而使整体效益获得最高体现，

工业设计初步

所以从诞生至今一直受到各国和经济实体的高度关注,在那些经历过和正在经历经济变革的国家和地区,如美国、日本等,都将其视为促进经济发展的重要工具。

(1)工业工程(IE)的定义 美国工业工程学会(AIIE)对工业工程的定义如下:工业工程是对人、物料、设备、能源和信息等所组成的整体系统,进行设计、改善和设置的一门学科,它综合运用数学、物理和社会科学方面的专门知识和技术,以及工程分析和设计的原理与方法,对该系统所取得的成果进行确认、预测和评价。

日本IE协会(JIIE)对工业工程的定义如下:IE是这样一种活动,它以科学的方法,有效地利用人、财、物、信息、时间等经营资源,优质、廉价并及时地提供市场所需要的商品和服务,同时探求各种方法给从事这些工作的人们带来满足和幸福。

简而言之,所有人类或者机器所从事的活动,只要出现相应的动作,都可以应用工业工程的原理,以及一整套系统化技术,找到最佳的路径达到动作目的。

(2)工业工程和工业设计的关系

1)二者的起源和发展都和工业化生产和社会经济的发展密不可分。

现代工业工程是以大规模工业生产及社会经济系统为研究对象,在制造工程学、管理科学和系统工程学等学科基础上逐步形成和发展起来的一门交叉的工程学科,它是将人、设备、物料、信息和环境等生产系统要素进行优化配置,对工业生产过程进行系统规划与设计、评价与创新,从而提高工业生产率和社会经济效益专门化的综合技术。

而工业设计真正走进人们生活和发挥其重要作用是在大工业革命爆发之后,以工业化大批量生产和标准化要求为条件发展起来的。传统的工业设计是指对以工业手段生产的产品所进行的规划与设计,使产品与使用者的关系符合人机工程学和人性化要求,从而取得最佳匹配效果的创造性活动。

2)二者都强调"人性化设计"。

如前所述,日本IE协会(JIIE)对工业工程所下的定义不仅清楚地说明了IE的性质、目的和方法,而且还特别将对人的关怀也写入定义中,体现了"以人为本"的思想。

人性化设计是指在设计过程当中,根据人的行为习惯、人体的生理结构、人的心理情况、人的思维方式等,在原有设计基本功能和性能的基础上,对产品进行优化设计,使人们使用起来非常方便、舒适。人性化设计是在设计中对人的生理、心理需求的尊重和满足,是设计中的人文关怀,是对人性的尊重。

从工业设计和工业工程都很重视人机工程学来看,二者都致力于给工具的操作者更多的关怀,从而实现良好的人-机-环境的互动,最终提高他们的生产效率。虽然侧重点有所不同,但本质上的一致性使二者有了共同的理论基础和发展空间。

2.市场营销学

(1)市场营销的定义 市场营销(Marketing)又称为市场学、市场行销或行销学,是指个人或集体通过交易其创造的产品或价值,以获得所需之物,实现双赢或多赢的过程。它包含两种含义,一种是动词理解,指企业的具体活动或行为,称为市场营销或市场经营;另一种是名词理解，指研究企业的市场营销活动或行为的学科，称为市场营销学、营销学或市场学等。

市场营销围绕满足消费者需求这一中心，开展市场调查和预测，进行环境分析，研究产品设计和开发，在市场细分的基础上选择目标市场和分销渠道，制定促销策略，提供售货服务，反馈市场信息等，这些都是市场营销学的研究对象。

（2）工业设计与市场营销学　现代工业设计和市场营销学都是市场经济的产物。从社会发展和经济发展来看，工业设计的诞生要早于市场营销学。但是，在现代经济社会的发展过程中，工业设计越来越成为制造业不可缺失的关键一环，在整体上要受到市场营销的支配。

工业设计作为一个复合性的交叉学科，具备很多独有的属性，如艺术属性、技术属性、经济属性，所以对工业设计进行研究会有不同的视角。以市场营销学介入工业设计流程，就要从工业设计的经济属性作为切入点，以市场营销学对工业设计作宏观的指导，更多地预测、发现和把握设计过程中涉及的经济问题，提高工业设计的市场命中率。

3.2　艺术素质与审美能力

3.2.1　工业设计的艺术素质构成

工业设计不但要求设计师具备一定的工程技术及市场营销知识，同时也要求设计师具有良好的艺术素质。从整体来看，艺术素质包括的内容十分广泛，音乐、舞蹈、美术、文学等都是艺术的表现形式，它们构成人们生活中的审美主体。单从工业设计专业的学习角度来讲，应该具备最基本的社会文化修养和形态塑造能力。

1.文化修养

（1）设计中的文化　设计是一项文化传递的实践活动，每件设计事物都融入了相应时代的文化气质，包含了人们的生活方式、行为习惯、经济状况等特征。事实上，产品和建筑等一系列人造器物都是文化和人类文明的客观载体，它们是社会文化的现实反映。

文化的不同，造物的理念和方法也就表现出了差异性。举例来说，东西方的饮食文化不同使得所使用的厨具也各具特色，如图3-25所示西方烤面包的烘烤机和东方蒸煮米饭使用的电饭煲，正是饮食文化在产品设计上的体现。

（2）传统文化　设计不仅是对未来世界的开拓创新，同时也是对传统文化的继承传扬。日本著名文艺理论家、美学家柳宗悦（Yanagi Muneyoshi，1889—1961）认为"传统是所谓的律，是汇集人类经验的法则"，也就是说传统是接受过历史考验的经验，这些经验可以作为设计活动的法则。很多现在看来司空见惯的器物其实

图3-25　烘烤机和电饭煲

图3-26 ISSEY MIYAK手表（深泽直人）

不知耗费了多少代人的评测与否定。虽然传统带来了规定与束缚，但这规定与束缚当中有相当大一部分是来自失败的经验，来自自然最后的评定。

日本奉行的设计"双轨制"不但对现代化工业予以重视，同时对传统的手工艺也是格外的关注，是一种融入现代工业与传统文化的设计理念。如今，日本传统的造物美学也得到了不同国家的借鉴，成为了新时代的美学标准。如图3-26所示，该产品是产品设计师深泽直人为日本服装设计师三宅一生设计的手表，12条边组成的表盘形状使得每个顶角代表一个整点时刻，功能与形式得到完美的结合，日本传统的"空涩"美学也得到阐释。

1）传统工艺。在漫长的历史文化中，文明创造基本上是依靠历史悠久的手工艺设计，只是到了工业时代以后，手工生产才逐渐被机器生产所取代。因此可以认为，工业设计是传统工艺的延续，是在现代设计里融入了机械生产中的几何数理，带来产品的量化以及标准的统一。对传统工艺的学习是现代工业设计创新和发展的渠道之一。

中国对传统手工艺人素有"匠心独具"之说，把匠作与智慧紧密联系起来。纵观中国传统工艺的漫长历程，尽管缺乏完善的系统论著，但有关工艺思想的论著却也丰富，如《考工记》、《髹饰录》、《陶说》、《绣谱》这些工艺专著记载了中国传统工艺的精妙和智慧。

2）传统造物哲学。《考工记》中记载："天有时，地有气，材有美，工有巧。合此四者，然后可以为良。"意思是说：工艺创造，势必涉及时间节气、空间地理、材料物性和行工技艺四项因素。只有综合把握和利用它们，才能够获得精良的产品。同时，中国传统工艺思想讲究天人合一，顺乎自然，物以载道。"行而上者谓之道，行而下者谓之器"，"道"是普遍规律或者称为理念，而"器"则可以理解为车、室、皿之类的器物。作为宇宙生命运动普遍规律的"道"，表现在物质化的"器"上，使二者有效地结合起来。这些都是中国传统造物哲学的精华，它们表明了古人对于造物活动的认识和理解。

传统造物哲学的借鉴不是简单的思维拓印，它要求跳出设计这个狭小的范畴，把先前社会的文化、伦理以及思考方法融入进来。众所周知，东方建筑与西方建筑最大的区别在于建筑取材。东方取木而西方取石，很难定论哪种材料更为宜人居住，但它们可以从这个片面的历史影像里折射出东西方文化差异而造成的造物哲学体系的差异。木易造型，取材方便，合理的机构搭建营造温馨柔和的家庭场景，投射出东方民族注重家族和睦，温馨舒情。而西方则以石砌烘托建筑高大雄伟，庄重威严，反映西方民族的个性特色。设计透露民族的心理、地理以及文化背景，这就需要结合民族思考模式去设计开发产品。

（3）交流沟通能力　设计师往往只注重自身的业务能力，认为好的设计一定会被采纳，但在现实中结果往往出人意料。这是因为好的设计如果没有科学的沟通方式，不被同事或者客户理解，也终将不会被广泛认同和采纳。设计是一个求真求实的社会活动，设计师在设计活动中除了具备扎实的业务能力之外还应当具备完美的沟通能力，包括与同事、客户之间的交流。只有保证设计沟通顺畅，才能增加设计产品的可实现性。

首先，是与同事或者合作伙伴之间的沟通。大型企业或者设计团队里设计活动往往不是个人的创作展示，而需要集体讨论，最终确定解决方案。在这个过程中，设计师之间的交流沟通尤为重要。良好的沟通能够增强团队凝聚力，发挥集体才智，使设计工作轻松而有效。

其次，与客户的沟通。"客户是上帝"，在设计活动中与客户的沟通和交流往往决定了方案是否被采纳。科学合理的沟通方式使客户快速准确地理解设计师的设计意图，能够得到客户的普遍认可。

那么，沟通能力的培养应该注意哪些方面呢？语言是人类沟通和交流的基本工具。语言的科学表述非常重要，不同的场合、不同的环境以及不同的内容，在表达的方式、方法上都有所不同。设计师不但应具有逻辑缜密的口头表达能力，同时也应能够运用其他不同表达方式，如报告书和故事板等形式，使同事和客户更方便理解。

（4）哲学思辨能力　哲学家维特根斯坦曾说："幽默不是一种心情，而是看待事物的一种方式"。其实设计也是如此，它不是一项单纯的技术工作，而是设计师对待事物的方法和观点。设计师在设计中寻求人们生活中的需求，融入自己对生活的理解，同时也肩负起了一定的社会责任。设计创造的不是某种形式风格而是探讨形式风格背后的哲学理念。正如现代主义设计最伟大之处并不在于提出的"机械美学"观点，而在于他们强调"为大众而设计"的哲学理念。

如风行世界的无印良品（MUJI），正是由著名的平面设计师田中一光（Tanaka Ikko，1930—2002）从日常生活的审美意识中提炼出来的。与其说无印良品是在向社会大众推销他们极简主义的审美意识，不如说他们在倾诉自己对产品设计的理念。无印良品设计的艺术指导原研哉（Kenya Hara）也承认道："无印良品不主张品牌个性突出或具有特定的美学意识。"无印良品的理念在于"带给消费者一种'这样就好'的满足感。"这种满足反对人们对消费的无止渴求，而是让消费者明白设计应当"以理性的态度来利用资源的哲学。"以"碎蘑菇"为例，就是要改变人们对香菇的完整性而作出的不科学判断。碎蘑菇一般被认为是菜市场的劣质产品，商贩一般也会把碎蘑菇廉价兜售。无印良品却认为碎蘑菇在食用性能上不比所谓的"好"蘑菇差，而且在食用的时候人们还要把"好"蘑菇切碎，变成"碎"蘑菇，所以无印良品把"碎"蘑菇进行包装，使其重新获得市场青睐。同时，无印良品在包装上也省略掉了漂白纸浆的过程，使纸质呈现原来的褐色，从而节省了包装纸的生产过程，减少了环境的污染和无谓的成本。

2.形式创想与塑造能力

形式创想与塑造是将空间形态和造型艺术结合起来，利用尺度、形状、比例等因素产生对观看者心理体验的影响，让观看者产生诸如拥有、成就、亲切等心理体验，同时还可以营造必要的环境氛围,使人产生含蓄、夸张、愉悦、趣味、轻松、神秘等不同的心理情绪。例如,圆和椭圆形能显示包容,有利于营造完满、活泼的气氛;对称或矩形能显示严谨缜密,有利于营造庄严、宁静、典雅、明快的气氛;用自由曲线则可以创造一种动态造型,有利于营造热烈、自由、亲切的气氛。同时,产品在形态的塑造方面还应该特别注意产品的功能性和人机性,让形式美和功能美得到完美结合,切不可厚此薄彼。

(1)形式塑造的艺术性　通常来讲,产品可以理解为有实用功能的艺术品。产品不但依靠功能的实现来支撑,同时人们对其艺术表现也有着苛刻的要求。尤其是现代的汽车工业和消费电子工业,消费者不再单独要求功能的适配,同时对其造型也有了不同的要求。这就要求设计师有着强烈的艺术表现欲望和形态塑造能力。艾罗·沙里宁(Eero Saarinen,1910—1961)是有机主义设计大师,他在设计中强调建筑和家具的雕塑感、有机性和整体性。沙里宁的家具与亨利·摩尔(Henry Moore,1898—1986)的抽象有机雕塑共同构成了20世纪50年代的"有机主义"风格,如图3-27所示。

图3-27　艾罗·沙里宁的"郁金香"椅a)和亨利·摩尔的雕塑b)

产品的艺术表现灵感不但可以从雕塑中获得,也可以从其他艺术门类里获得,这就需要在平时的设计学习中不断对形态进行分析和理解,并且注意素材的积累,在造型的艺术表现上有所突破。

(2)造型的语义性与人机性　在强调产品外在艺术表现的同时,要尊重产品造型的科学性,即设计师在造型过程中融入自己的理性思考,如通过产品造型的尺寸与比例来优化人机操作;通过造型形态来传达产品的使用方式等。

通过产品形态可以体现一定的指示性特征,影射出产品的功能和操作方式。通过造型的因果联系来形成产品形态中的语义提示,如旋钮造型采用侧面凹凸纹槽的多少、粗细这种视觉语言,来传达出旋钮是微调还是粗调;按键设计采用按键的大小和颜色来区分不同的功能;刀具的手柄设计为手的负形以指示持握位置等。

3.2.2 审美能力的后天培养

谈到审美，多数人会认为它只与音乐、舞蹈、绘画、戏曲或者小说有关，很少人会将审美与工业产品联系起来。前苏联美学家鲍列夫曾讲到："人的一切活动在一定程度上都可以作为审美活动来参考"。简言之，自然、社会乃至人的精神都可以被看做审美的对象。所以，工业产品不仅仅是大家所理解的功能载体，它同时肩负着人类生活体验中的审美功能。

1.设计师个人审美与公众审美

审美活动是人们对一切事物的美丑做出评判的过程，美的事物能够使人们感到愉悦，而丑的事物让人疲倦和厌烦。审美是一种主观的心理活动过程，不同需求的人群对同一个事物可能有不同的评判，因此审美活动具有很强的个体性。同时，由于人类社会活动的群体性使得人们在审美意识上又有相似之处，相同的时代背景、社会文化使人们的审美意识具有统一性，形成一种公众审美。

（1）设计师的个人审美　工业设计师在社会的审美活动中具有双重身份。首先，作为社会的普通群体，设计师同样具有审美需要，他们对审美的理解也具有个体性与公众性等特征。再者，设计师又是审美客体的创造者，他们的设计创造浸透在不同类别的工业产品里。小到一颗图钉大到一架飞机，每件产品都是设计师审美体验后又一次的现实反映。

黑格尔认为"美是理念的感性表现"。理念是内容、目的、意蕴、内在精神；表现则是内容的外观、形式、外在显现。两者融会贯通不可分割。没有单独的美的物，也没有单独的美的想象，只有在两者结合时，才能产生一种美的共振。

审美活动不仅是人们对一件产品或者艺术品表现出的外在形式的艺术性所引起的心理共鸣，同时也是对社会事物内在内容所表现出的人文和哲学思想的精神需求。所以，设计师在设计过程中一定要把握好外在艺术形态和内在的精神需求，根据文化、科技和经济的现实条件和要求，设计出满足社会审美需求的产品来。

设计师个人的审美意识决定了他们在产品设计过程中对"美"的看法及价值取舍，进而形成他们各自的风格。德国设计师路易吉·克拉尼（Luigi Colani）被国际设计界公认为是"21世纪的达·芬奇"，他设计了大量造型极为夸张的作品，希望通过更自由的造型来增加趣味性。他早年曾学习雕塑，后到巴黎学习空气动力学，这样的经历影响了他个人的审美意识，在设计过程中强调产品的仿生和雕塑感。他宣称"宇宙中无直线"，并利用曲线发明独特的生态形状（Bio-form），并将它们广泛地应用于圆珠笔、时装、汽车、建筑和工艺品设计当中，如图3-28所示。

审美能力是可以通过后天的努力进行培养的。平时应注意培养自己广泛的兴趣爱好，从不同的艺术领域获取灵感。同时，审美是一种评判的心理过程，需要设计师在日常生活中培养。在审美过程中对一件艺术品或者文学作品或者工业产品下意识地运用辩证观点进行评析，这样才可使自己对事物有更为真实的认识，审美能力也会随之提高。

（2）公众审美　公众审美是时代背景下，社会大众所具备的共同审美意识，有着地域

图3-28　路易吉·克拉尼设计作品

性和时代性等特征。地域环境以及历史时代的不同，公众审美所表现的趋势也不尽相同。工业设计是以为社会大众服务为目的，它不以设计师个人的审美品位为标准，设计师应当尊重公众审美特点，这样才能设计出符合大众审美需求的产品。所以必须坚持贴近大众文化的审美方向进行产品设计，同时，应对大众文化施以人文关怀与提升，尽可能赋予大众审美较高的思想价值、精神品位与文化蕴涵，使大众审美文化在不断地汲取、扬弃与升华中走向完美与成熟。但是，工业设计也绝不能亦步亦趋地追随大众审美趣味，而是要通过群众性的文化艺术普及教育，提高人们的审美能力和审美趣味，提升大众对工业设计的欣赏水平。

如今大众文化已成为主流文化，它普遍地反映了大众审美意识形态。大众审美反映的是大众观念、艺术趣味选择，也是大众欲望的表现和心理压力的释放，它代表了市场消费群体的审美标准。作为一个设计师要善于体察大众的审美趣味、大众的生活方式、大众的社会观念，要紧密联系真实的生活。同时，由于大众的审美标准的个体差异性，作为设计师还要满足个性化的要求，在大众审美中体现造型的个性与独创性，以满足消费者的审美需求。

2. 社会审美的时代性

历史每个阶段的文化、科技乃至经济都会呈现出不同的时代特征，而社会大众的审美意识往往也跟随时代表现出不同的审美价值和审美趣味。19世纪末到20世纪初，受民主思想的影响，浮华的为"贵族"设计伦理逐渐被具有社会主义色彩"为大众而设计"的设计道德所取代，人们尝试使用机械加工方法生产出普适大众的日常生活用品。20世纪中叶，随着第二次世界大战的结束和人类航天事业的长足进步，太空幻想成为人们生活中的饭后谈资。设计也受到影响，家具、服装等产品也具备了强烈的太空科幻色彩。与此同时，随着经济的回升，消费的复苏，人们开始厌倦呆板的、无装饰的国际主义风格，崇尚"一用即抛"、"强烈装饰"、"大众元素"的POP艺术，从此走向了多元的后现代主义时代（图3-29）。从这百年的设计风格变迁中不难发现，社会的审美意识随着文化、科技和经济的发展表现出不同的时代气质，并反映了不同时代人们的审美趣味。

a)

b)

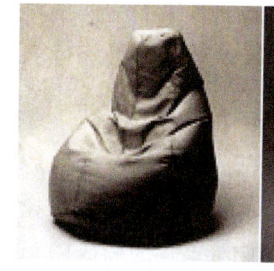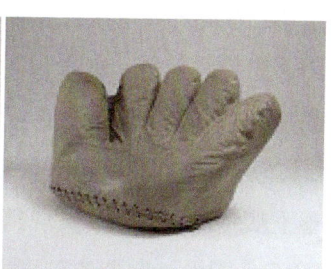
c)

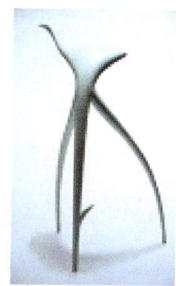
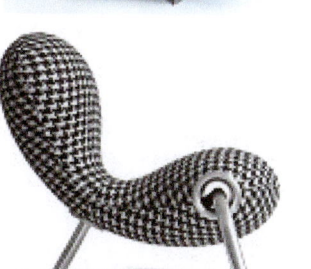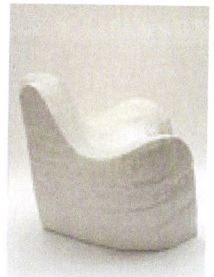
d)

图3-29 家具设计的社会审美演变

a)"机械美学"风格下家具产品　b)"POP"艺术下家具产品
c)"后现代"风格的家具产品　d)现代"多元文化"下的家具设计

3.3 生活体验与观察能力

3.3.1 设计源于生活体验

1.设计来源于生活

刚刚接触工业设计专业的同学常常会问：设计的灵感究竟从何而来？有人认为设计的灵感是一种天赋，与生俱来；也有人认为设计的灵感来源于借鉴，对传统或其他学科领域的借鉴。可谓众口不一，各持己见。但多数人都会同意设计来源于生活这一说法，懂得生活的人才懂得设计。

设计是发现问题和解决问题的思维活动。这样的思维活动要求设计师对周围的生活环境具备较高的敏感度。日本的无印良品设计，注重对生活的观察，鼓励设计师对现有产品进行再设计。他们的设计在朴素中追求升华，将司空见惯的产品陌生化，然后重新认识，重新设计。如果缺乏了对生活的观察，安于现存产品，便会被生活麻痹，失去设计中的创新意识。图3-30是第二届无印良品设计竞赛的金奖作品，这个设计让产品的最大妙处就是可以再度利用，让使用功能延续下去。有横竖不同纹路的浴巾用破用坏以后，可以根据纹路剪成方垫（作为脚垫）或是方巾（作为抹布）再度使用。

美国的OXO公司一直提倡"好的生活体验"（Good Experience Live）设计理念，他们善于从生活中的细节发现创意，并设计出许多脍炙人口的富有人文关怀的厨房用具。图3-31是OXO公司设计制造的刻度斜置量杯。刻度斜置量杯可以使用户从顶上看到所注液体的体积，不用像垂直刻度杯那样要躬下身或者提起量杯来读取刻度，从而方便了用户的使用。

设计的社会属性决定了设计师应当关爱与我们生活密切的社会问题，具备强烈的社会责任感。环境污染使设计师意识到绿色设计的重要性，贫困地区人们的日常生活困难问题使更多的设计师加入到为弱势群体生计而设计的活动中来。图3-32所示产品是宝马设计师史蒂芬·奥格斯丁设计的水锥，其原理是依靠自然界的蒸气自然现象，把水锥罩在一个盛有盐水的平底盘上，当然也可以罩在一块沼泽湿地或者潮湿的土地上，随着水分的蒸发，水蒸气凝聚在锥形罩

图3-30 MUJI AWARD 02金奖

图3-31 刻度斜置量杯

图3-32 水锥

上,并顺着罩子流下聚集在锥形罩底部的槽中。将海水注入后在高热下将水蒸气集结,并可过滤海水中的盐分,因此一天下来可获得约1.6L的饮用水。因为水锥的制作成本低廉并且使用方便,因此这样的设计被使用在没有足够水源的地方以及贫穷的地方。

2. 设计的用户体验

国内一个大型体育用品设计和生产公司,在空间并不是太富裕的办公区域里却设置了网球场、篮球场、排球场甚至游泳池这些大型运动场地。这是专门为公司的设计师和其他工作人员提供的休闲体验场所。他们鼓励设计师自己亲身参与到每项运动中,依靠亲身经历体会为他们的设计带来灵感,同时也避免了设计过程中的"闭门造车"。

设计师的设计灵感和企业的创新价值点在很大程度上取决于对用户体验的捕捉能力。可以认为,设计最为直接的灵感来源是设计师的直接体验,只有亲身融入到操作或者使用环境中,才可能发现设计机会点。图3-33是德国工具品牌威汉(Wiha)生产的人机手钳(左上),设计师根据自身使用手钳的经历,发现当人手处于握持状态时,四指握持斜线(右下)与地面的垂直线角度大约为23°(下中)。所以,在把手设计上设计师采用了23°的斜角,使使用者更加方便操作(左下),减少了手腕关节处的肌肉疲劳(右上)。威汉人机手钳仅依靠23°这一人机尺度的运用便获得了2007年德国iF设计大奖。其实,设计活动并不

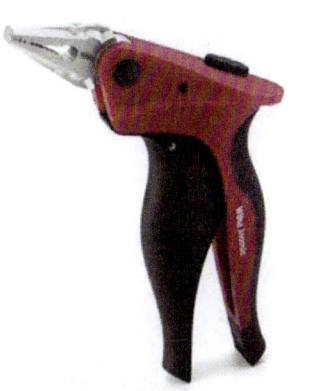
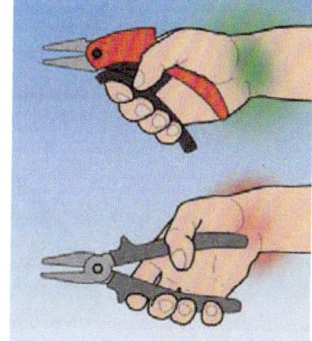

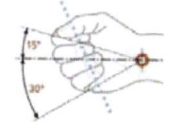

图3-33 威汉人机手钳

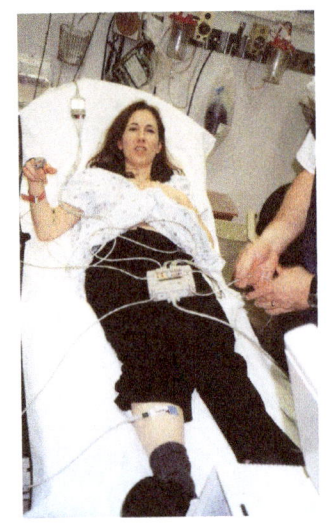

图3-34 IDEO设计师的角色扮演设计方法

像大家想象的那样深不可测，遥不可及，只要亲身体验，深度思考，你会发现灵感与创意就在身边。

生活中除了自我的亲身体验外，还应当学会观察、分析，从别人的生活体验中获得相关的设计信息。美国的IDEO公司是一个极富创新精神的设计团队，他们的设计经验就是来源于生活以及用户的使用体验，他们把这种研究方法归结成51张卡片，从学、看、问、试四个方面来阐释他们设计的基本方法。这也充分说明了现场的资料收集以及设计师亲自体验尝试要远比待在屋里做设计客观与科学得多。为了设计一款医疗器械，IDEO的设计师扮演不同的角色，如患者、医生、护士等人员在世界环境中体验不同的身份（图3-34），从而设计出与具体情节相关联的设计来，是一个很好的体验设计方法。

3.3.2 技术革新与艺术时尚在观察中整合

技术与艺术就像一枚硬币的两个面，二者不可分离。尤其在工业设计领域，设计师的一个重要任务是将技术革新与当下的艺术时尚结合起来，设计出影响甚至改变人们生活方式和生活理念的产品。这需要设计师不仅了解科技前沿，同时也能捕捉到人们的时尚追求，并通过对市场的理解整合出符合消费者功能和心理需求的产品。如图3-35所示，苹果公司设计的特立独行之处在于对技术的追求和时尚的把握，从iMac G3的透明时代到现在MacBook Air的一体成型，无不阐释技术与材料的革新为产品设计带来的时尚特色。

iMac G3个人电脑在材料选择上打破了传统的ABS工程塑料，将透明并可着色的PC（聚碳酸酯）引入到电脑设计中来。这种半透明蓝色被称为是Bondi blue（悉尼的海滩），展现了当时苹果公司设计理念上的材质美学。设计师在iMac G3的一些部位选择了糖果的颜色，为产品添加了时尚元素。2008年苹果公司又发布了新款MacBook以及MacBook Air，两者采用了

iMac G3　　　　　　　　　　　　　　　MacBook Air

图3-35 苹果的产品的技术演化

一体成型技术，不但增强了机身的结构强度，同时使造型更为整体，强调了产品的艺术感和时尚性，成为技术与艺术相结合的典范。

3.4 设计师的社会责任与职业使命

3.4.1 设计师的社会责任

从社会全局来看，"负责任的设计"已经成为商业和设计行业的一个非常突出的发展趋势。设计的责任是创造经济、社会和美学的多重价值，设计价值的体现必须考虑这三个标准之间的平衡。在商业化的社会中，产品社会价值和美学价值的实现难免会以创造经济价值为前提，设计也因此在整个经济体系当中继续扮演"刺激消费"的角色。然而，相对以前的简单刺激消费，今天的设计师必须坚持"以用户为中心"，关注资源和生态的保护，将自己的工作与社会的和谐持续发展紧密结合起来。

1.体现用户关怀

一味迎合用户需求的设计必然是急功近利的，设计的真正挑战是如何设计有意义的产品，进而能解决长期的问题。在此种设计过程中，用户依然处于被关注的中心地位，但是研究的目的不再是单纯的刺激其购买欲，而是综合考虑用户的使用情景、社会文化、生活习惯和心理需求等，在更深的层次上体现对用户的人文关怀。设计要关注弱势群体，这是一种可被广义理解为在不同环境下，有任何一种特殊需要的设计消费群体，他们可能是残疾人、儿童、老年人，可能是某个特殊自然环境下生存的人群。设计关注弱势群体从根本上体现了设计的社会性意义和设计师对人类的终极关怀。

2.坚守道德伦理

随着后工业社会的到来，设计师应当站在有关社会责任的高度来实施设计活动，如今的设计行为不仅针对某个局部群体，同时也关系到对整个社会文化及人类生存的环境。这也许过高评价了设计的社会作用，然而一旦产品覆盖用户的数量足够多，其造成的影响将会无法忽视——不管是积极的还是负面的。因此，产品必须引导用户遵循社会道德和伦理，这是设计者不可推卸的社会责任。如图3-36所示的"山寨手机"，因逃过了相关部分的检测和批准而面世，但是其"独创"的电池内置偷拍功能在让人惊愕之余，也不禁对当前部分设计师的道德责任产生担忧。

3.4.2 设计师的职业使命

1.促进社会可持续发展

可持续发展是指既满足现代人的需求又不

图3-36 来自网络的山寨厂的偷拍手机（电池）

损害后代人满足需求的能力。换句话说，就是指经济、社会、资源和环境保护协调发展，它们是一个密不可分的系统，既要达到发展经济的目的，又要保护好人类赖以生存的资源和环境，使子孙后代能够永续发展和安居乐业。

工业设计的过度商业化，使其在整个经济体系当中扮演了"刺激消费"的角色。设计成了鼓动人们无节制消费的罪魁祸首，加速了资源和能源的消耗，给社会带来了很大影响。对于现代技术文化所引起的环境及生态破坏的反思和社会可持续发展的展望，设计界提出了绿色设计、循环再生设计、生态设计、组合设计等设计方法和理念。

21世纪，设计师所担负的使命比以往都要重，要面对一些新问题，如从材料、结构、制造工艺、包装、储运方式、废品处理等诸方面，全面考虑资源利用和社会的可持续发展；在设计过程中设计师要考虑降低能耗，使产品能耐久和持续使用，使产品可以简单回收而不对环境造成不可逆影响；等等。

设计的最大作用并不是创造商业价值，而是一种适当的社会变革过程中的元素。设计应该认真考虑有限的地球资源的使用问题，在和谐、绿色、人文、可持续发展等理念的指引下，为保护地球的环境服务，促进社会的可持续发展。

2.协调消费者与企业之间的利益分配

在产品设计中，消费者、设计师、企业是相互作用的三个群体，消费者是产品最终的使用者和购买者，企业是产品的最终决策者和经济利益获得者，而设计师则担当着协调消费者和企业之间利益分配的作用。成功的设计是协调好消费者和企业之间的利益分配，达到消费者利益和企业利润的双赢。

蓝海战略和长尾理论的提出，为竞争中的企业和设计开辟了新的战场。蓝海战略的重点是回避同质化、低利润的"红海"，进入差异化、低成本的"蓝海"；长尾理论则像蓝海战略的续篇，强调需求方的规模经济，向经济领域的纵深发展。例如，IBM公司放弃了PC和便携式电脑业务，AT&T也将很快结束作为一个独立机构的存在形式。对于企业来说，这也许只是企业战略的惯例性转变，即进行有效的社会行动来支持和造就以经济金字塔底层为指导的战略方针。然而对设计师来说，这是一个实现设计抱负的很好机遇。在经济金字塔的底层不仅能提供广大的发展空间，也为低风险实验和彻底创新提供了沃土，可能有潜力再形成未来的竞争所在。

占世界人口2/3的40亿人生活在经济金字塔的底层。发展中国家的市场需求为大企业提供了一个发展壮大的机遇，大企业只要抓住这个机遇，就完全有能力利用设计使企业价值最大化。像AMD、杜邦、惠普、英特尔、微软、必能宝、宝洁、三星、强生、壳牌、联合利华和沃丰这些公司都认真尝试着进入这个底层市场。以著名的CPU厂商AMD为例，其联合eBay、RedHat等组织，积极赞助"人人电脑计划"（OLPC），力图在新的"蓝海"领域占得先机。在中国，英特尔、诺基亚和联想等企业都投入大量的人力和物力去深入农村，期望通过系统的研究，了解9亿农村人口的潜在需求。

随着越来越多的公司进入这个经济金字塔的底层市场，尤其是中小型公司的数量不断增大，社会中隐藏的机会开始变得广泛而多样。企业想获得成功需要拥有一个与大多数企业所拥有的完全不同的技术模式和观念模式。相对高端消费者来说，很多企业并不熟悉这一领域的消费者特性。设计师能够在获知经济金字塔底层的消费者真正的需求时发挥重要作用，他们能对这些消费者所在部分的社会系统和文化传统形成一个合理的理解，以帮助企业发展提出解决方案。这种发展金字塔底层市场的设计不是一种遥不可及的社会责任，通过这些具体设计可以给企业带来难以估量的经济利益。为了能够对以金字塔底层为指导思想的企业行动增加有效价值，设计师必须了解这个行动下潜藏的企业责任以及与之相伴的设计职责，设计师要切实地认识到对于客户和消费者之间的利益分配，使产品既是企业的产品、市场中的商品，又是用户的用品，达到顾客需求和企业效益的完美统一。

思考题

1. 以工艺、材料为代表的工程技术知识对现代工业设计有哪些关键影响？
2. 如何理解CMF，其在现今设计活动中和企业制造中有怎样的作用？
3. 计算机辅助设计包括哪些方面的内容，应当如何看待目前流行的Pro/E、UG、SolidWorks等软件？
4. 设计心理学和人机工程学在工业设计中各有哪些重要作用？
5. 设计师的艺术素质组成有哪些？生活中应当注重培养哪些方面的艺术素养？
6. 个人审美与公众审美对产品设计的影响有哪些？

第 4 章

企业市场活动与设计创新

本章教学目的：通过对企业设计活动相关内容的介绍，使学生了解设计在商业活动中的地位和作用，掌握用全局性的战略眼光分析设计问题的方法，熟悉企业的设计活动和产品创新形式。

本章学习重点：在复杂的商业环境中认识工业设计在整个产业中的地位和作用，掌握企业活动中常见的产品创新形式，了解相关企业如何塑造产品背后的文化特征。

4.1 企业中的工业设计活动

4.1.1 工业设计与企业

1.工业设计在现代企业中的地位和作用

在如今复杂的商业环境中,如何正确认识设计在企业战略活动中的地位和作用?

以前人们谈论设计更多的是在探讨所谓"形式和功能的平衡"或者"技术和艺术的平衡"。然而,随着经济的发展和消费体验的升级,工业设计正在突破早期自身的局限,传统的产品设计思路受到冲击,设计领域开始更加关注消费者的体验和后续服务。

首先,产品的内涵已经不局限于产品特定的物质形态和具体用途上,而是扩展为能满足消费者或用户某种需求的任何有形产品和无形服务的总和。人们购买产品,最终目的并非产品本身,而是为了产品所能实现的功能和体验。正如沃尔夫冈·乌拉加(Wolfgang Ulaga)在《你还在卖产品吗》一书中所说,国外企业面对低成本和价格竞争时,采取的策略是提供更多的附加价值,提高竞争层次——如很多轴承厂商不再比拼谁提供的轴承便宜,而是提供"机器持久运行保障"的服务;漆料厂商由提供整套"正确的汽车表面喷涂"服务取代了售卖某种具体的颜料,等等。在生活领域,随着厂商竞争层面的提高,消费者同样不知不觉提升了对产品的要求。如图4-1所示,摩托罗拉V3手机在2004年一上市,就凭其出色的外观设计震动了整个业界,激光蚀刻键盘、超薄机身成为一个时期的手机设计经典。时过境迁,审视当下的iPhone,相对摩托罗拉V3的出色外观设计,更多是它的自然操作方式、多点触摸和苹果在线商店里无尽的下载应用,如图4-2、图4-3所示。

消费者已经从工具消费转向了内容消费,在很

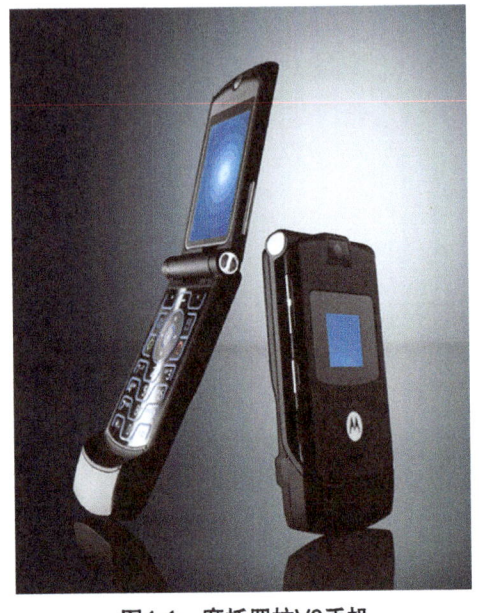

图4-1 摩托罗拉V3手机

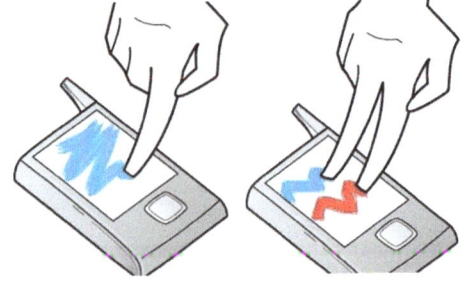

图4-2 更灵活的多点触摸技术(Multi-Touch)

图4-3 丰富的手机应用也是iPhone区别其他手机的关键

第4章 企业市场活动与设计创新

多领域里，单靠产品的外观已经不能有效地将自己同竞争对手区别开来。通过对附加服务和附加价值的关注，设计的影响范围也得到了扩大。设计师必须跳开单纯的外观设计层面，从更宽广的角度探寻设计能为用户带来哪些价值。

必须说明的是，即便是以设计著称的苹果公司，设计在企业中的地位也比较有限。设计界常见的一种看法就是设计本应该是企业的救世主，是企业重要的商业性战略组成部分。这是一种误解——设计本身的天性是非战略性的，它只是商业战略的一个输出渠道，或者说是"战术"的解决方案。虽然设计从产品的策划或者前期调研时就已介入，但是相对企业的整体运作来说，那种无限夸大设计的作用是不现实的。设计师可以发现一些潜在的产品和市场机会，却很难想象设计师能去考虑企业是否是在尊重国际分工与贸易格局的前提下进行商业活动。宝马公司（BMW）的美国设计工作室负责人亨里克·菲斯克（Henrik Fisker）说："假如设计不能带来利润，那么它就变成了艺术。"显然，设计必须为企业或者产品、服务增值，如果设计不能和企业的商业活动步调一致，那么它就失去了存在的价值。

客观地评价企业中的设计，它是一种功能，一种资源，一种思考的方式。作为功能，设计能够帮助企业规避激烈的竞争，从而实施有效的产品差异化竞争；作为资源，设计可以有效参与到战略思考、发展进程以及至关重要的项目或服务的执行过程中；说它是一种思考方式，是因为在企业竞争广度和深度都前所未有的国际背景下，设计师从需求角度看待问题，从系统角度看待设计，这种立场拉近了消费者与企业、技术间原有的距离。

（1）设计促成产品差异化竞争　激烈的市场竞争带来高同质化的产品与营销，企业大多意识到要有高效的手段规避过于激烈的竞争。工业设计是实现产品和品牌差异化的重要手段，是拉动消费需求的核心要素之一。发展差异化（Differentiation）——"设计开发出别具特色的产品和服务，使之和竞争者有所区别，创造出独特的价值，以满足消费者不同的需求"。这个过程中的关键一点就是洞悉用户的潜在需求和用户对产品附加价值的预期。以近年流行拥有第二台电脑的"上网本"为例，大量产品除以"廉价"为卖点外，很少有自身的特色，如图4-4所示。恰恰相反，索尼的"上网本"设计战略和定位则非常清晰。既然是"第二台电脑"的用户，用户需求和设计目标也就非常明确，如图4-5所示。

图4-4　普通电脑缩小版的"上网本"

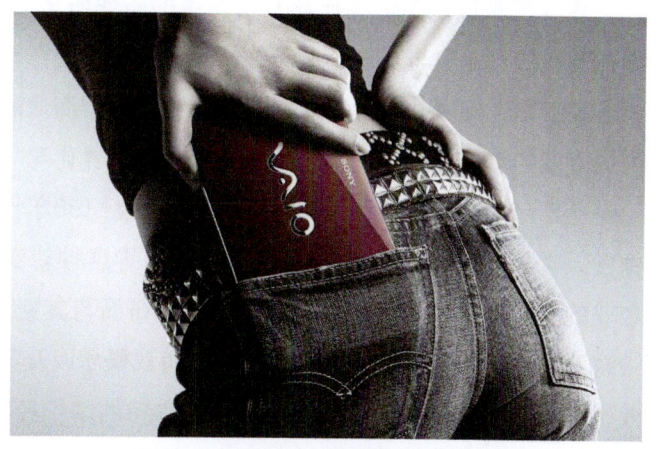

图4-5　突破传统比例和尺寸的VAIO P

另外一个成功的例子是美国著名的"Bugaboo"婴儿推车。这款产品定位于那些充满活力、年轻而又富有的父母,从很多方面进行了精心的策划——在用户心理层面,Bugaboo 推车为用户描绘了一种景象:纽约街头穿着时髦的年轻父母们在宣扬"我年轻、健康、都市化——我要照顾孩子,但更要有自己的生活!"这一定位描写为公司带来更多的附加价值;在产品设计方面,Bugaboo婴儿车引入了一种突破性的设计语言,映射了那些更加积极运动的目标人群。它具有暖色的织物,结实的轮子和矩形的铝管,仿佛是一个阳光的户外运动设备,而不是像以前那种廉价的工具,如图4-6、图4-7所示。另外,产品被放在儿童物品专卖店或者是内曼·马库斯(Neiman Marcus,美国著名奢侈品类精品店)销售,而不是在沃尔玛或者亚马逊网站等常规的销售场所,进而传达一种排外的设计情感,让消费者放心产品的质量并突出了它的与众不同。

图4-6　"Bugaboo"婴儿推车的用户

图4-7　"Bugaboo"婴儿推车

企业把视线从关注并比超竞争对手的所作所为转向为消费者提供价值的飞跃,使自己不再在既有的产业中与其他企业缠斗,而是开创出一个新的利基、新的市场区隔、新的局面。在上述案例中,突破性设计和产品就是企业执行蓝海战略的要素之一。通过提供包括情感层面在内的更多的价值创新,完成了企业和产品的差异化竞争。

(2)设计关注有意义的产品体验　20世纪90年代末,消费者的需求开始向体验性转变。像任天堂公司的Wii等一些游戏机就开始引导这种转变,如图4-8、图4-9所示。过去,很多新游戏的复杂性已经使玩家只顾独自埋头钻研而与其家人之间的关系日益疏远。这种取名为Wii的游戏主机则试图带给玩家一种全新的游戏概念以及家庭成员共同的兴趣点,以此打破视频游戏玩家与其他人之间的阻碍。由于公司独特的动作控制器,任何年龄或水平的人都能在Wii上享受游戏带来的乐趣。这个时候游戏才算真正回到了它的本来面目,成为真正可以全民参与的

第4章　企业市场活动与设计创新

图4-8　任天堂的次世代游戏主机Wii

图4-9　游戏主机Wii引领的"体感"游戏风潮

娱乐方式。对用户而言，玩游戏本身带来的没有大拇指和脖颈的酸痛，也没有对家庭成员的冷落，而是健康的、愉快的经历和体验。

另外一个关注用户体验的典型例子是相关的互联网产品。这一新近崛起的行业正在竞争中迅速地发展，用了相对其他行业短得多的时间就进化到了关注用户体验的阶段——在其他行业几年前还有商家简单地认为研制口味更好的咖啡就能打败"星巴克"。国内的互联网行业经过一段时间的模仿，相关的研究也开始慢慢形成了规模，比如淘宝和腾讯等公司组建的UED（User Experience Design）团队。图4-10为阿里巴巴公司的"支付宝"网络产品，优化的界面和合理的操作流程为其赢得市场地位做出了很大的贡献。

这些成功的案例表明，产品和服务重在使用户感觉到自身的需求被切实尊重与有效理解。这种需求很可能是潜在的需求，隐藏在不良的生活方式、工作习惯中间，即使用户本身也没有察觉。企业需要帮助他们挖掘并提供健康良好的体验性产品和服务。

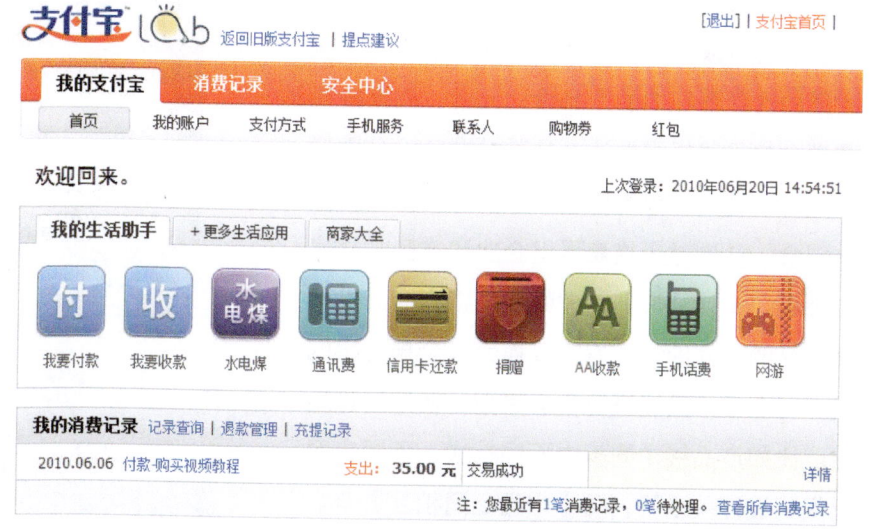

图4-10　"支付宝"简明的主界面

（3）设计辅助企业资源整合　多数企业已经认识到品牌才是企业占有市场、赢得竞争的重要武器。由于消费者购买产品往往是看重品牌背后代表的产品形象和产品文化，而不会从纯技术、市场方面来考虑产品，所以缺乏明确性格的品牌只能在竞争中逐渐消亡。缺乏统一规划的企业常常孤立地看待产品的开发和设计，现在依然可以在市场上发现这样的没有任何特色的产品，其表现之一即是产品风格游移不定，外观和材质等反复无常的变化或者是无用功能的随意堆砌，花哨之余却不能给用户提供任何价值。实际上设计不但在产品美学及易用性等方面发挥作用，整体来看设计作为连接消费者和企业资源的纽带，可以在某种程度上将企业生产纳入到一个长期的发展规划之中，以个性鲜明的设计，建立风格统一的产品形象，进而创立容易识别的、统一的企业形象，并最终将市场上无形的需求和企业本身的有限资源转换成用户需要的价值。

由于任何一个品牌所针对的目标消费群都是相对的，而不是宽泛的、漫无边际的，因此品牌的定位是首要问题，它决定了品牌产品的市场走向。在广泛深入的市场调研基础上，结合企业自身优势和行业的市场趋向，是解决好品牌定位的关键。品牌定位是针对特定的目标市场和特定的目标消费群体而设定的，以达到在目标消费者心目中占据一个独特的有价值的地位的过程或行动。多普达手机是个有代表性的例子。它将品牌明确定位于高端智能手机（图4-11），充分利用自身的科技研发优势，在有限的市场空间中迅速崛起，避免了在传统手机领域的激烈竞争。真正打动消费者的是产品的品牌形象和文化内涵。如果把品牌比喻为一个人，那么品牌形象就是这个人丰满、鲜明的外观形象，品牌文化则是这个人必备的内在修养和内涵。设计师根据品牌的市场定位，调动品牌的形象要素，以个性化、差异化等特质赋予品牌鲜明的形象特色，为品牌产品进入市场、引发目标消费者的强烈关注形成形象区隔。如"夏奈尔"以女性化的黑色的经典色调为品牌色，以高雅、婉约的贵族女性作为品牌形象代言，以此体现尊贵、高雅的品牌定位；而美国化妆品"玫琳凯"则以浓艳的玫瑰色调，诱发女性对美丽的憧憬与向往。

在这之中，设计无疑起到了整合企业资源、创造附加价值的作用。从视觉表象看，设计除了确定包括线型塑造、工艺和材质的选择等在内的产品设计元素，还要统筹体现品牌经营理念的品牌标识设计、品牌标准色、品牌形象手册、展示品牌个性的传播内容等，使所有要素在视觉上产生家族化观念，并透过风格表现出企业和产品文化底蕴；从企业内部看，设计从设计管理的角度把产品开发从单一考虑某种产品的孤立的设计方式改换为以全局着眼的系统设计方式，对企业产品线进行精心策划，循序渐进地分步实施设计。比如产品线中同类中不同档次、不同市场区隔的产品之间的设计关系等，防止产品之间相互影响。国内的联想公司自从收购IBM的个人电脑部分以后，面临

图4-11　走智能机路线的多普达手机

第4章 企业市场活动与设计创新

的问题之一即是ThinkPad产品线和自身的ideaPad产品线各自的风格的区分问题（图4-12、图4-13）。

2. 工业设计管理向企业全方面渗透

在20世纪80年代之前，企业内部对设计的理解还不够全面，设计始终作为一种为产品、包装、展示等领域所进行的零散性工作而存在。设计常常属于个人行为或者是设计部门的独立工作范围。随着设计工作日益系统化和复杂化，设计逐渐深入到包括企业目标、客户要求、社会职责等企业的各个方面。比如消费者除了关注传统的产品质量和技术参数外，还会通过综合与产品相关一系列信息，包括品牌形象、公司网站、产品及服务设计、竞争广告、产品包装、零售环境等因素进行判断。因此企业必须对此作出反应，以保证在最大程度上节约企业在项目中投入的时间和资源，使其充分发挥效益并与企业的目标相一致。至此，设计管理的发展开始走上轨道。设计逐渐将自己从传统技能的根基上释放出来，并作为一门羽翼丰满的研究学科赢得了应有的位置。

图4-12　商务路线的ThinkPad电脑

设计管理的重点在于理解企业组织的战略目标，了解设计如何成为推动目标的组成部分，并且采用各种手段、工具、人员来规划需求，调动热情来有效利用设计、实现目标。在企业内部，设计能从多个层次、方式来影响管理，积极作用于企业战略、战术或者实际运作层面。它既可用来制定长期目标，也可用来制定日常决策。这些可能包括品牌沟通、产品及服务设计、公司建筑、零售环境、网站以及企业间的广告战役等。在企业外延，设计管理能根据政府的法律法规及国内国外资源管理的全球风向，对企业的成长压力给予响应。所有这些，从企业目标、客户要求到社会职责，都需纳入设计管理加以考虑。对管理所有环节进行周密部署，可在最大程度上节约企业在项目中投入的时间、资源，最终顺利推向现存或潜在的客户市场。

图4-13　消费级别的ideaPad电脑

肖恩·布莱尔（Sean Blair）在《创意精神》（Spirit of Creation）中提出：从长期目标到日常决策，设计活跃于企业的三个层面，分别是战略层面、战术层面和实施层面，如图4-14所示。

在战略层面，设计管理在宏观上考虑设计对商业的贡

图4-14　设计管理在企业中不同层面的表现

献，开始参与企业的长期规划、统筹全局的政策的拟定、界定设计在企业内的作用等工作。其目的是：一方面通过建立设计和企业战略的联系，使设计符合企业发展战略、社会化大生产和市场规律的要求；另一方面强化和支持企业的愿景。战略性的设计管理包括产品设计、品牌和产品战略，并负责设计项目的发展和实施，影响设计理念、使命和定位。随着战略层面设计管理的实施，设计思想开始融入企业的核心竞争力和文化，成为不可缺少的一部分。

在战术层面，设计管理致力于建立一个企业内部的设计结构，以缩小战略性设计管理和设计实施之间的差距。其目的在于明确如何在企业内进行设计活动、公司内部不同的设计项目的协作等问题，具体涉及设计技能的推进、流程和系统的管理、角色和责任的分配、创新产品和服务理念的开发、市场机会的探寻等方面。由于设计团队、流程、系统、特定的企业单元等都进入到了运作层面，设计方案和议程进入实质性阶段，战术层面的设计管理开始关注设计资源和进程的把握上。

在实施层面，设计使产品、服务、体验获得增值——项目的执行与流程是能为消费者所真正"接触"到的。

4.1.2　工业设计与市场

1.形成市场导向，引导健康消费

消费是经济学问题，也是社会学问题。企业和设计师为庞大的消费群体服务，这就要承担一定的社会责任。现在所有的设计师都认识到：设计不是单纯设计某个产品，它更多是借产品而设计一种生活态度、生活方式。用户通过产品的使用可以得到快乐、愉悦、安全等体验。这里面包含了一个非常重要的思想：设计有引导消费者的作用，但并不是无限制地刺激消费，否则就背离了可持续发展要求，是对社会资源的浪费和对消费者不负责任。

社会健康发展要求可持续性，是经济、社会、资源和环境保护协调发展。除了研究可持续的自然资源、自然环境与自然生态问题，还要更大程度上研究可持续的人文资源、人文环境与人文生态问题。从单纯关注自然-社会-经济系统局部的自然属性，到同时或更加关注社会经济属性，设计在其中可以发挥重要的作用——影响人们健康消费及生活方式的合理转化，并形成市场导向，创造健康的需求。

有着"社会主义理想"背景的工业设计在市场经济环境里发展，不可避免地首先要满足商业目标。但是除了物质上的刺激，精神层次上的满足同样可以引领消费。这种消费更加理智、可持续。如图4-15所示，在日本出售节约商品的网站上，有一种塑料帘子，通过吸盘吸附在冰箱的上缘，打开冰箱时手透过帘子的缝隙取放物品，大

图4-15　日本节能的小设计

大减少了冰箱因开门形成的电能消耗。

又如2008年米兰设计展深获好评的一款环保设计作品"纸垃圾桶",如图4-16所示。设计师用50张材质像牛皮纸的褶皱再生纸逐层叠加成一个垃圾桶状。垃圾装满后,连同一层垃圾桶一起丢弃。看似普通的设计,却为难以降解的塑料袋等物品找到了替代方案。设计师把消费者对产品在功能和心灵上的需求,结合设计师对生活的热爱,注入到产品里。面对这样的产品,消费者可以体会到设计者通过产品传达出来的人文关怀和生活态度。

图4-16 纸垃圾桶

再如图4-17所示的"升起的海洋"马克杯,外表面装饰图案利用热感应染料印制而成,加入热水后,海洋会渐渐升高并将整座冰山渐渐融化……这一设计生动地诠释出地球暖化造成海平面上升的警告。这只杯子是由非营利的NRDC组织(Natural Resources Defense Council,自然资源保护委员会)特别设计用来传达危险信号的产品。对物质毫无节制的占有欲并不是一个健康和平衡的模式。设计师通过大量产品的设计,可以在一定程度上影响市场和消费者,更应该树立良好的社会责任感,为人类的可持续发展作出贡献。

2.促进技术革新的市场化

众所周知,科技进步和创新是经济社会发

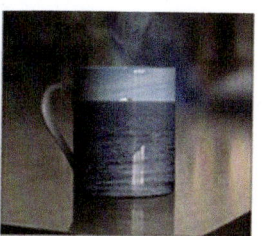

图4-17 "升起的海洋"马克杯

工业设计初步

图4-18　Segway电动两轮车

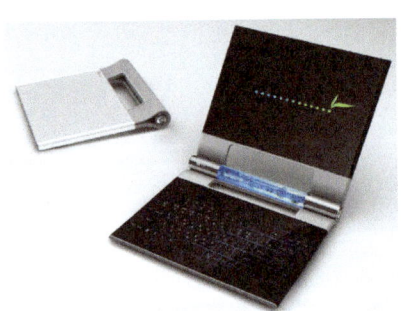

图4-19　液体燃料电池e-cell Notebook

图4-20　微软的第一代Intelli Explorer鼠标

展的重要推动力。大量以企业为主体的技术创新及其产业化在市场上博弈以期获得竞争优势。从家用电器到交通工具，从生活用品到虚拟网络，消费者虽然总是被厂家的新概念、新技术所包围，却也学会了理智观望和规避风险。因此市场上很多新产品要么昙花一现就消失了踪影，要么就"叫好不叫座"，并由"先驱"发展为"先烈"。类似的例子很多，如图4-18所示的Segway电动两轮车，靠系统对操作者身体的俯仰倾角做出反应来保持平衡和运动，是一种概念新颖的个人代步工具，然而迄今为止这个广受好评的产品还无法真正达到广泛的应用。

虽然现实中在技术创新和将新技术转化为经济效益之间并没有一个简单的线性函数关系，新产品可能会因多种因素——诸如产品超前于需求、品牌定位和营销传播不当等而失利，但是工业设计依然通过其紧贴用户的立场而在新产品开发中占据重要位置。和很多行业一样，设计也是紧紧围绕着消费者或者用户来进行的，并且强调目标用户、需求和价值。设计由于其文化性可以成功地在更深的心理和感性层面上探索诸如无线通信、互联网、基因技术等一大批日新月异的科学技术对人自身的影响。从这个角度来说，设计是技术和用户之间的一座桥梁，它拉近技术创新和目标用户之间的距离，是技术创新的结晶——技术成果能够转化成能够为用户带来有价值的产品。这种对技术的解释将使技术所蕴含的能量得到释放，技术革新透过设计融入到产品当中，变得易于理解和接受，甚至非常吸引人。

例如，现今被大量使用的锂电池一旦丢弃，会造成严重的环境问题。LG发明了一种通过从天然气和甲醇的化学反应中获取电力能源的液体燃料电池"e-cell Notebook"，这种电池对生态环境无害。为了使用户能够接受这种特殊的燃料电池，设计师精心打造了"e-cell Notebook"的造型语言——通过把混合燃料置于透明的笔记本转轴处，用户可以通过容器中剩余的彩色气体直观地判断剩余电量，如图4-19所示。重要的是，这种视觉语言的处理，使得新的燃料电池技术非但让人抵触，反而使电池成为产品的视觉焦点，令人神往。正因如此，"e-cell Notebook"获得了2006年红点最佳概念奖。又如

图4-20所示的微软第一代Intelli Explorer鼠标，曾被多个科学杂志评选为当年最杰出的科技产品之一。工业设计师用尾部露出一点俏皮的红光揭开了光学成像鼠标的时代序幕，用户对这种能透光的鼠标非常着迷，因而新技术在设计的推动下以最快的速度征服了用户。

4.2 工业设计与企业产品创新

4.2.1 技术型工业设计创新

关于技术创新的定义，国际上暂无严格规定。近期比较认同的说法是由缪尔塞提出的：技术创新是以其构思新颖性和成功实现为特征的有意义的非连续性事件。我国学者根据我国的国情，放宽了上述定义的条件，认为企业家抓住市场潜在的盈利机会，以获取商业利益为目标，重新组织生产条件和要素，建立起效能更强、费用更低的生产系统，从而推出新产品、新工艺（方法）、开辟新市场等活动。它是包括科技、组织、商业和金融等一系列活动的综合过程。从这些概念可以了解到技术创新和发明创造间的巨大区别——发明创造是科技行为，而技术创新则是经济行为。换句话说，只有把科技成果商业化和产业化，才是技术创新。当企业把包含新技术的产品推向消费者时，需要经过设计师之手使之为消费者所接受。

技术创新经典的例子便是索尼公司的"Walkman"随身听系列——一个席卷了全球的工业设计创意。"Walkman"是日本索尼公司在1979年推出的一个随身听品牌，在过去的几十年中它为人类创造了可"随时随地欣赏音乐"的新文化。在以记者用的小型录音机"新闻人"（Pressman）修改成体积更小的录音机得到许多人赞美后，索尼公司去掉了当时普通录音机的录音功能和扬声器，并配以立体声电路和立体声耳机，配合技术攻关，终于在1979年7月推出了第一代的Walkman "TPS-L2"，如图4-21所示。随后索尼公司继续推出了基于其他技术的"Walkman"随身听，其造型、材质、细节推敲、操作手感等都成为当时设计界的典范。

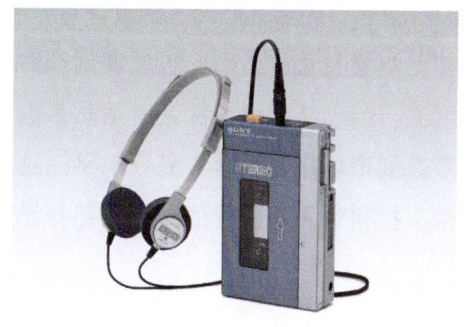

图4-21 第一代的Walkman "TPS-L2"

4.2.2 文化型工业设计创新

产品创新不仅包括形态、色彩、情感等要素，更要有文化内涵的突破。人们在不同的文化背景下，有着不同的喜好、生活习惯、价值观念。随着社会生活水平的提高，人们在使用产品时，已不再单单是实现产品的使用功能，更多的是产品带给人们在精神上的愉悦和一种深层文化内涵的共鸣。很多设计作品都反映了这一趋势，如图4-22所示深泽直人（Naoto Fukasawa）设计的空气加湿器，温润纯净的造型和材质，优雅而又含蓄，营造了恬静的氛围。很多东方人看了之后总有似曾相识的感觉，有的西方人也认为这是深泽直人受北欧简约风

图4-22 深泽直人设计的空气加湿器

格的影响。无论如何，从文化的角度去进行设计，总是比较容易得到认可。

中国文化延绵几千年而不绝，深刻影响到日本、朝鲜等周边国家并形成具有世界影响力的汉文化圈。然而中国人的设计却也常常要因此背负上一个巨大的包袱——尤其是一些面向国际的设计作品，总试图要凸显中国文化的博大精深，其结果大多还是停留在传统文化符号的套用上。不能想象来自美国的设计作品要映射他们的自由女神像、百老汇、好莱坞、NBA、白宫这些元素，而来自日本的设计也要有东照宫、富士山、樱花、法隆寺、日本料理、姬路城、空手道、和服这些文化符号……即使是文化符号的使用，也有一个匹配的问题。产品应该在某个角度（比如使用方式）和隐喻对象有相当程度的相似。拉脱维亚的一名设计师从古老的中国折扇着手，分别用扇柄和扇褶表示时钟的指针和刻度，如图4-23所示。这样的隐喻有其合理性，重要的是没有太过具象和直接，给人留下了想象的空间。反之，如果仅仅是把符号直白地作为装饰应用在产品上，想引起受众的情感共鸣就会比较困难一些。对此，中国先贤早有论述，《易经》里提到："形而上者谓之道，形而下者谓之器"。"道"是指哲学方法、思想活动等；"器"则是指具体的事物。从先贤朴素而智慧的论述中，可以感受到对单纯"器"的超越和对器物中"道"的重视。从工业设计的角度引申，便是除了要重视形而下的设计语言，还要有形而上的设计哲学和思想。

观察身边的产品，也能嗅到些许的"文化"气息。透过这些产品可以看到企业从文化角度进行的创新尝试和探索。虽然多数仅体现在造型语言层面，还属于文化符号的应用，但是考虑到市场接受程度和受众水平，这样的尝试还是成功的。至少在产品生产技术、性能、结构、材料运用等因素的日趋成熟与设计同质化的时候，设计能从挖掘产品文化层面的潜力，突出产品的文化多样性，满足不同消费者的需求方面起到带动创新的作用。如图4-24、图4-25所示，在同质化竞争激烈的数码产品领域，很多厂商通过类似手法使产品视觉上与竞争对手区别开来，并获得成功。

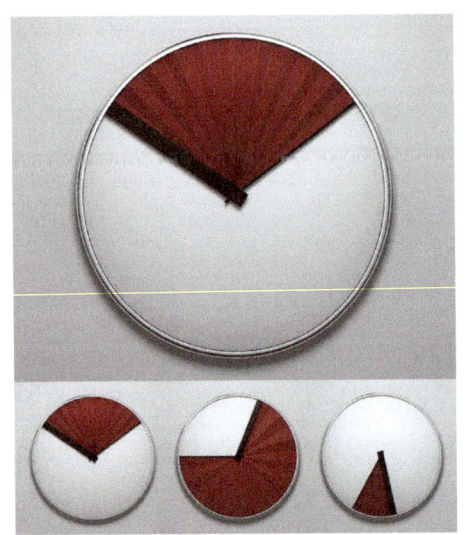

图4-23 国外设计师的折扇钟表概念

对新时代消费者而言，他们崇尚新的生活方式，有着与以往截然不同的价值标准：追求创新，要求风格与品质，不再清楚划分工作与玩乐，心中渴望快乐、自由、简单。他们期望的是一种可以让生活更有乐趣的产品。联想推出的"yoga（瑜伽）"笔记本电脑，正是针对一种流行文化的创新，如图4-26所示。产品的最大特点是可以适应众多使用场景，其自由度

图4-24　爱国者U盘的设计

图4-25　BenQ 5250C型扫描仪

图4-26　联想"yoga（瑜伽）"笔记本电脑

好像瑜伽高手的身体那样灵活。凭借这一设计，yoga概念笔记本电脑赢得了德国红点的"最优秀设计"大奖。

4.2.3　个性化工业设计创新

在消费时尚的年代，消费者越来越追求具有个性化、情感化的商品，而不再满足于一般的大众化商品。消费观念从理性消费走向感情消费，个性化的商业需求越来越明显。

个性化的商业需求带来了个性化的营销，进而要求个性化的产品设计。要设计合适的产品覆盖目标人群，必须搞清楚这些所谓的个性化需求的含义。

一种是真正的个性化需求——产品需要有鲜明的自我印记或者很少为其他人接受的样式、风格、元素与组合模式，这样的产品与服务往往因为消费数量个别而使成本升高，甚至是"定制化"生产。也因为这个原因，企业进行常规的产品开发时很少采用这样的策略，只有某些奢侈品或者进行品牌塑造时才会选择个性化路线。如图4-27所示是2007年海尔推出的VM系

图4-27　海尔VM系列笔记本电脑

列笔记本电脑，定位为高端产品以强化品牌认知。设计方面相应采取了个性化的路线，最明显的就是上下盖没有采用常规的转轴开合结构，而是全新设计了名为"T-BAR"的拉杆。由于其自由拉伸、翻转的特性，为用户带来了个性化的使用体验——对于个子比较高的人来说，垂直向上升起屏幕可以让眼睛正对屏幕，使得视角在笔记本屏幕的可视角度之内。当用户在用笔记本欣赏电影，或者用不到键盘的情况下，可以在不改变笔记本本身位置的前提下，把笔记本屏幕拉得更近，看得更清楚。

另外一种"个性化"其实严格意义上只是标签式的"个性化"，并不真正实现个体间的区别。这类个性化需求更多表现的是"时尚符号"，是对"前卫"、"小资"等类似群体身份认同的追求。有意思的是，这仍然是一种群体归属感的表现，是前卫群体化的消费。对于企业来说，这样的"个性化"需求才是当前阶段可以切实把握和利用的。对于这一类产品设计，目标用户的需求把握是最为关键的要素，而"个性化"产品的目标用户常常是某一群体中的"意见领袖"，这些用户会不断地用新颖、优秀的产品来作为个性化的"符号"，并对周边的人产生影响。企业以这些特定用户群为目标塑造"个性化"的品牌形象的同时，就可以大批量地生产这些产品。图4-28为苹果公司的iPod nano播放器。

图4-28　苹果公司的iPod nano播放器

4.2.4　人机工程工业设计创新

工业设计创新本质上是以人为中心的设计创新，因此企业必然会涉及关于人的物质和精神生活研究，这就会应用到人机工程学。人机工程学是研究人的特性及工作条件与机器相匹配的科学。它把人和机器视为一个有机结合的系统，指出机器应该具有什么样的条件才能使人付出适宜的代价后可获得整个系统的最佳效益，使人机实现高度协调统一，形成高效、经济、安全的有机系统。

在人机工程方面促成产品创新的代表当属2009年再度被《财富》杂志评为"最受推崇的企业"的赫曼·米勒（Herman Mille），它是全世界最负盛名的办公椅生产商之一。1976年赫曼·米勒将人机工程学运用到办公椅的设计中；1994年设计出的Aeron网椅获得了欧洲家具工业研究协会（FIRA）颁发的人类环境改造学的最高奖项——人体工程学优秀奖，如图4-29所示。这张椅子现在作为永久展品陈列在纽约现代艺术博物馆中。2008年，赫曼·米勒推出Aeron的继任者Embody。Embody一经推出就成为了焦点，因为它不但清晰地传达了公司对于办公椅"舒适和自由"的追求，更重要的是Embody反映了公司对人机工程的探究和运用到了

图4-29　Aeron网椅

极致，如图4-30所示。

Embody座椅的靠背可以适应人体的脊椎曲线，保证不同姿势下的舒适度。用户在座椅上可以自由移动自己的后背，避免血液流动的不畅。狭窄的靠背还能使用户的手臂前后自由伸展，使胸腔得到扩张，从而让用户的肺部能够吸入更多空气并输送更多氧气到大脑。用户移动时，其独特的三层材料构造可以均匀地支撑身体的重量分布，并对身体细微的移动来作出智能化的调节，如图4-31所示。

在工作中，Embody的倾仰装置可支持用户在工作状态中的倾仰幅度，这是一种最有益健康的坐姿。虽然Embody座椅只有一款尺寸提供，但几乎能满足所有不同运动能力、不同身材和不同喜好使用者的需求。通过对可伸缩座的调节，能够缓解对大腿的压力，促进血液循环。与此同时，不会影响到用户喜欢的坐姿。座位宽度能容纳身形最大的那类人群的臀部宽度；扶手的高度和宽度可进行调整，以支持各种工作活动或工作姿势，如图4-32、图4-33所示。

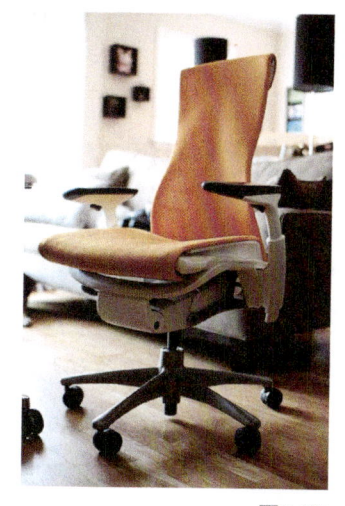

图4-30　Embody座椅

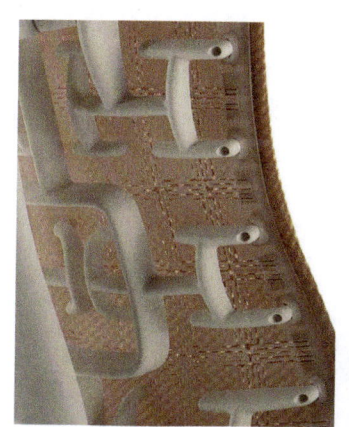
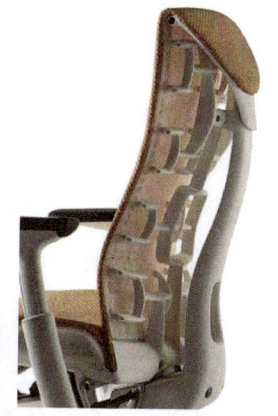
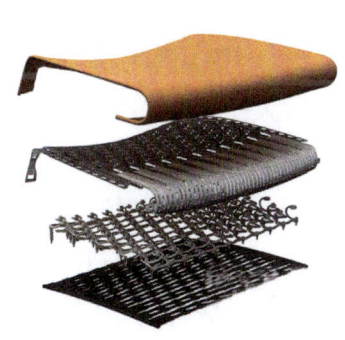

图4-31　Embody座椅的技术细节

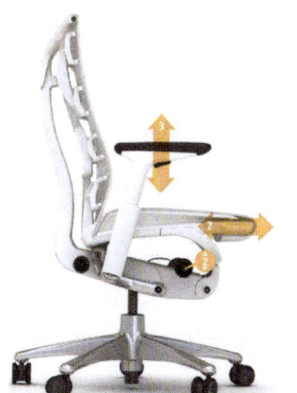
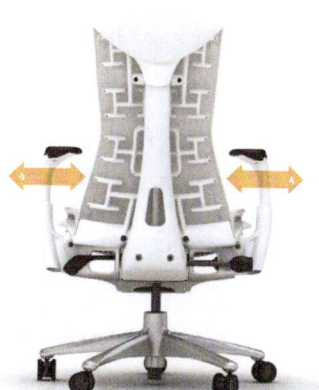

图4-32　Embody座椅的俯仰调节　　　　　图4-33　Embody座椅调节的技术细节

4.3 企业产品创新中的文化特征塑造

追溯中国本土体育用品"安踏"品牌的成功,大多数人会想起当年孔令辉以青春健康的形象出现在中央电视台体育频道,喊出"我选择,我喜欢"这句耳熟能详的广告语。然而,那时"安踏"品牌本身的内涵还非常单薄和脆弱。2005年,公司通过对耐克"Just do it"、阿迪达斯"Noting is impossible"的广告语分析,认为耐克和阿迪达斯都源自欧美发达国家,向广告观众宣示的是以西方文明为代表的独立个人价值观。而"安踏"作为民族体育用品品牌,希望展现中华民族的勤奋自强、永不服输,以及公司通过艰苦奋斗,把企业由小做大的这种敢于向命运挑战的精神。于是,在2006年9月,安踏推出了《让世界的不公平在你面前低头》的主题广告,画面采用近乎黑白的浓烈色调,配合《We are the champions》激昂的背景音乐,展现一群出身平凡的运动员拼搏进取的经历,引起了很多年轻人的共鸣,如图4-34、图4-35所示。

从这种情感营销式的广告可以管窥当今企业对于附加值的竞争如何变化——越来越多的国内外企业开始以"文化竞争"为主旋律进行商业竞争。当今世界上经济与文化融为一体的发展趋势非常明显,企业经营管理活动往往与企业文化密切结合,不可分割。不断提高文化的附加力,是企业核心竞争能力的重要内容。在全世界攻城略地的耐克、苹果、宜家、奔驰等各行企业,很大程度上依赖其个性鲜明的品牌文化,即以产品为载体,向品牌投入文化,在满足消费者心理诉求的同时,取得他们对产品文化的价值认同,实现自己附着于产品的文化识别,形成核心竞争优势。品牌文化蕴涵着品牌超越物质使用价值的价值理念、品位、情趣、情感抒发等精神元素,是品牌触动消费者心灵的有效载体。

图4-34 安踏运动产品的情感式营销

现代工业设计通过整合策略性设计方法实现企业的设计形象(Design Identity,DI),并通过DI系统的实施面向市场推出产品形象(PI),使企业产品具有家族性、延续性、共生性以及整体个性。所传达的是透过"风格"表露出企业深层文化底蕴和产品发展趋向,是企业文化最重要的核心。如苹果公司的MacBook笔记本电脑和原IBM的ThinkPad笔记本电脑的设计理念完全不同。苹果公司把精力放在消费品领域,并以"Think Different"为口号吸引对时尚狂

图4-35 品牌精神的塑造

热的年轻人；IBM则以精湛的技术和沉稳的风格领导商务市场，如图4-36所示。虽然产品文化特征没有高下优劣之分，但是后续产品却必须严格遵照企业已有的文化特征，很难想象把MacBook和ThinkPad的标志互换会带来怎样的结果。

图4-36　MacBook Air和ThinkPad X300双方有关超薄笔记本的颇有火药味的广告

当产品中渗透了独特的文化底蕴时，它便有了自己的灵魂和性格，进而通过自身丰富的文化内涵牢牢地吸引目标市场上的消费者。从企业的角度来说，设计把企业文化物化、产品化、品牌化。产品文化是品牌文化最直观、最具体、最形象的体现，是品牌物质文化的主要组成部分。

很多企业非常重视设计作为一种商业资源的价值，并将其作为企业运行商业程序的一部分。国际化的喜力（Heineken）啤酒是一个关于创新和文化的很好例子，由荷兰阿姆斯特丹市的弗雷达·海涅根创办。他凭借对品质的执著追求、对市场差异性的认识和对沟通渠道的了解，在全球范围内获得成功。结合前卫时尚的包装风格，青春并带有强烈的节奏感，喜力品牌正在逐渐成为一个象征性的图标，如图4-37所示。在喜力公司，设计被看做是一种商业资源，用来管理品牌的一致性。喜力曾推出两款相当成功的包装酒瓶。一个是崭新的小桶外形的铝制瓶罐，如图4-38所示。当喜力刚推出这款新的设计时，很多生产线上的员工提出了质疑。但是结果证明，这样的包装形式不仅传递了一个新的视觉尺度，它同样也迅速地提供了一个从众多竞争品牌中区别开来的机会。通过视觉与触觉，它拥有了很高的识别度，并且为品牌体验做出了显著的贡献。这款设计在功能、美学以及情感层面上产生了共鸣。另一个是瓶子状的铝制瓶罐，形成了既有突破性，又时尚的啤酒包装概念，如图4-39所示。

图4-37　喜力（Heineken）啤酒　　图4-38　喜力（Heineken）的桶式包装　　图4-39　喜力（Heineken）的铝质瓶式包装

工业设计初步

在设计界和营销界都流行同样的一句话——"永远不要问顾客想要什么,告诉他们应该拥有什么。"以瑞典汽车品牌沃尔沃为例,消费者拥有的无疑是"安全"。购买沃尔沃汽车的很多用户都是看中沃尔沃在行驶安全方面的成就,愿意为自己(甚至包括行人)的安全支付。在中国,沃尔沃的销售一直比较低迷,实际上与国内常把沃尔沃包装成一款豪华车来销售有关。这一领域有德系奔驰、宝马、奥迪三大品牌支撑,而且"豪华"也本不是沃尔沃这一北欧品牌的诉求。这从侧面反映了一个问题:产品要和它背后的品牌文化一致才能够得到用户的认可与接受,并与用户建立起互动关系,使标定在该产品上的品牌得以存活。

实际上,在瑞典本国沃尔沃汽车也是以"安全"著称。自从沃尔沃发明了迄今为止广泛应用的三点式安全带以来,这个瑞典的汽车品牌就没有在安全性的探索上停止过,包括安全车厢笼架、胶合式安全风窗玻璃、儿童专用后座、SIPS侧撞保护系统等也都是沃尔沃汽车首批重要的安全特色产品,如图4-40所示。在安全性方面持续的关注,使得这个瑞典品牌与"世界上最安全的轿车"的形象联系在一起。现在安全性已经是沃尔沃汽车的一个最为显著的"标签"。不少人认为,即便未来有其他汽车的安全性能会超过沃尔沃,但它也难以取代沃尔沃的"安全品牌"位置。

图4-40 以安全著称的沃尔沃汽车

思考题

1. iPhone的流行说明了什么样的产品的发展趋势?
2. 工业设计在企业中的作用与设计发展趋势有何联系?
3. 设计师该如何面对世界的经济、技术潮流?
4. 设计创新的类别和应用有哪些?
5. 产品背后蕴含的文化特征和背景对产品有什么影响?

第 5 章

工业设计教育

本章教学目的： 对各个国家以及地区的设计教育进行介绍和比较，使学生了解工业设计的教育体制和优秀设计院校的教育特征，更加清楚地认识自己所学的专业，以便为将来的进修和深造奠定基础。

本章学习重点： 了解世界各国的工业设计教育体制，比较不同国家工业设计专业设置特点，了解我国设计教育的基本模式和发展趋势。

5.1 国外工业设计教育概况

设计教育与其他学科的教育最大的不同之处在于它没有世界统一的模式，不但世界没有，即使一个国家和地区的模式也不尽相同。设计既是文化活动又是商业活动，地方文化的不同与区域商业的差异都会导致教育目标和发展方向的不同。如果能够理解这样的概念也便不难发现，欧洲的设计教育是伴随社会动荡、社会主义意识以及人本思想而诞生的，教育也自然会流露出对社会和人类行为的思考，从而便形成了以文化为导向的设计教育。美国的设计教育是伴随第二次世界大战后经济复苏而形成的，其设计教育以经济和商业为导向也就顺理成章了。

5.1.1 美国现代设计教育状况

1. 美国设计教育特色与侧重

美国的综合院校或者设计院校所开设的工业设计专业除能授予本科毕业生艺术、文学或者工学学士外，他们还能授予工业设计学位。而我国的教育部门目前还没有设立这种单独的工业设计学位，颁发给本科毕业生的学位一般为工学或者文学学士学位。美国的设计教育有别于我国设计教育的另一点是他们在教育管理上采取宽进严出的办法，严格控制学生的学习质量，所以相比国内而言他们的学生毕业淘汰率是非常高的。

同时，美国的工业设计教育具有课程设置多样化的特点，教育部门没有颁发严格的教学条款，每个学校可以根据自己的专业特点来自主配置教学资源，从而形成了他们在课程设置上的高度自主性。同时，美国的社会体制具有很强的商业性，教育也多少掺杂了商业的噱头，这也使得美国的设计院校专业定位明确，进而形成了各自的商业特色。美国艺术中心设计学院（Art Center College of Design）以汽车设计、插画设计和电影专业为主，而罗得岛设计学院（Rhode Island School of Design）则以家具设计为主，纽约时装学院（State University of New York Fashion）则以时装设计为主……以商业为目的的设计教育成为美国设计教育的一大特色，对于有出国留学或有深造打算的设计学习者，最好先根据自己的爱好选择一个方向，然后再把每个学校的教学背景考察清楚，以便选择一个适合自己的院校。

2. 美国设计教育的区域分布

与欧洲以及亚洲国家不同，美国除了一些军校和国家出于政治目的开设的高等院校之外，很少能找到公立大学，通俗地讲他们并不设立国立高校。在美国，按照高校集资管理的模式来划分，大致有州立大学、私立大学以及教会大学三类。

州立大学主要是由州政府以纳税人的税收来筹办和经营大学，所以对于州内生源学费较为便宜，州外的学生则另当别论。美国州立大学中工业设计专业比较有名望的有：伊利诺伊理工大学（IIT，Illinois Institute of Technology）、北卡莱罗纳州立大学（University of North

Carolina)等。这些学校对于想出国留学的理工类出身的设计师来讲是个不错的选择。

美国的私立大学有营利和非营利之分,非营利大学收取的学费基本上用来维持学校的日常开销,而营利性大学也就多了份盈利的目的。从经济角度来考虑,到美国留学还是应当尽量选择非营利性质的私立大学,学费较为便宜,但与州立大学相比还是有些昂贵。美国没有独立的州立艺术学院,全部独立的艺术学院都是私立的。美国的洛杉矶艺术中心设计学院、洛杉矶奥蒂斯美术与设计学院(Otis College of Art and Design)、罗得岛设计学院、帕森斯设计学院(Parsons School of Design)、克兰布鲁克艺术学院(Cranbrook Academy of Art)等,都是美国非常出色的私立艺术院校。

除此之外,美国还存在着宗教团体设立的大学,资金主要来源于教会,但专业设置跟神学无关。这其中最具代表性的是伊利诺伊理工大学设计学院(图5-1)。该学院的前身是德国包豪斯先锋人物纳吉(Laszlo Moholy-Nagy)1937年在美国伊利诺伊州创立的新包豪斯学校。1949年,新包豪斯学校与伊利诺理工大学合并。时至今日,设计学院已成为全美最大的具有设计专业研究生教学资格的全日制学院,同时也是第一个具有授予博士学位资格的设计学院。由于其卓越的教育理念和教学背景,吸引了无数国内外的学生到此深造。

图5-1 密斯·凡德罗为伊利诺伊大学设计的克朗楼(crown mall)

现任院长惠特尼教授(Patrick Whitney)在接受某杂志社采访时谈到伊利诺伊理工大学设计教育特色时,说:"不同于美国其他通常所见到的以艺术为基础的教学研究方式,伊利诺伊理工大学设计学院是以方法为基础的教育。这意味着在教学中引入严格的方法来了解用户、顾客,创造新的见解与概念,在进程初期建立原形,并将创造物的用户价值观和经济价值相联系。学生们将这些方法应用在他们所在公司的各个部门。"由此可见,伊利诺伊理工大学设计学院重视设计的方法及其在设计中的应用,这也许是为什么理工类工业设计学生青睐它的一个原因。

伊利诺伊理工大学设计学院在国际工业设计领域有着重要的地位,培养出很多优秀的设计师,他们在诸如爱迪奥(IDEO)、奇巴(ZIBA)、易趣(eBay)、微软、摩托罗拉等国际知名企业担任重要职务。

伊利诺伊理工大学设计学院主要是研究生教育，在专业设置上分三个方向：设计学硕士（Master of Design）、设计方法学硕士（Master of Design Methods）以及设计学和MBA硕士（Master of Design/MBA），同时设计学院具有博士学位。以上三个方向的硕士除了要求有本科学历外，同时对工作时间也有一定的要求，所以他们学生的平均入学年龄偏高，一般在28岁左右，大部分人在入学之前已经有了自己的职业，到伊利诺伊理工大学设计学院学习主要是为职业发展增添新的动力。

5.1.2 欧洲主要国家现代设计教育状况

欧洲被认为是现代设计的摇篮，这里不仅诞生了诸如柯布西埃、密斯·凡德罗、沃尔特·格罗披乌斯等现代主义设计大师，同时最早的现代主义教育体系也出现在这里。如果说美国的设计教育在每个毛孔里充满了商业气息，那么欧洲的设计教育便是汇聚了对人本的思考和生活的态度。

1.德国工业设计教育

在讲述德国设计教育之前，有必要了解一下德国在近期的学制改革政策。为了2010年欧盟实现学制的统一，德国大学自2006年起对学制进行改革。原先，德国大学有基础和专业两个阶段，在完成基础阶段后通过中期考试，合格后进入专业阶段学习，最后完成学分和论文拿到硕士学位。也就是说，德国没有学士学位，要么完成大学两个阶段的学习顺利毕业获得硕士学位，要么就没有任何文凭。如今，压缩原来两个阶段的课程，取消中期考试，在学习中间增加了学士学位，本硕全面分开，即"3年本科+2年硕士"的形式，当学生完成本科阶段学习后，可根据实际情况选择是否继续攻读硕士。

目前，大多数德国大学有选择性地采用了新的学制体系，计划在几年内逐渐将本科学制从4~5年缩短到3~4年。新学制体系对留学生来说可谓是一个喜讯，在更加节省求学时间的同时，也节省了一定的留学费用。新学制体系下，原先在中国学习理工科的学生更容易直接就读硕士，如计算机、机械专业2年就可以硕士毕业，而文科生由于中德文化差异，基本上要求加一段本科学习再进入研究生阶段就读，可能需要3年左右才可以硕士毕业。

德国的当代设计继承了包豪斯优秀的功能与艺术兼容的设计理念，为德国战后工业发展与经济强盛提供了强大的动力。作为现代设计的发源地，德国开设设计专业的高校的数量并不与其称号相称，但整体教学质量却是非常高，为德国诸如西门子和大众汽车这样的本地企业培养提供了大量优秀的设计人才。

德国开设工业设计专业的高校主要包括三类：综合性大学、应用技术学院以及艺术学院。

（1）福特旺根艺术大学　原先开设在杜伊斯堡埃森大学的工业设计专业和视觉传达专业在政府部门的干涉下于2007年10月1日重组到了福特旺根艺术大学（Folkwang Hochschule）。在此之前，福特旺根是一所以音乐舞蹈为教育重心的艺术院校。设计专业的并入使其成为与柏林艺术大学并列的德国艺术院校。现在福特旺根艺术大学的设计专业包括工业设计、视觉传达和摄影三个专业。

现今，福特旺根艺术大学的工业设计设有学士和硕士两种学位。学士学制为4年，获得学士学位之后你可以选择继续修读硕士或者直接工作。

（2）斯图加特造型艺术学院　德国的斯图加特造型艺术学院（Stuttgart State Academy of Art and Design）有着二百多年的历史，现在涵盖了纯艺术（Fine Art）和应用艺术（Applied Art）两个部分，是德国最重要的艺术与设计教育高校之一。斯图加特造型艺术学院主要包括艺术部、建筑部、设计部、科学部以及书籍设计与媒体开发部五个部门。设计部里主要开设了工业设计、传达设计、织物图案以及整合设计（Integral Studies）几个专业。整合设计专业是面对获得过工科硕士的毕业生，目的是让他们在设计和艺术方向有所深造，以承担起工业设计这样跨学科和领域的责任。现今的整合设计发生了方向的改变，成为以解决社会生活中实际问题为目的，以科技、人文为设计空间来探讨全新的解决方案。

除此之外，柏林艺术大学（Universität der Künste Berlin）、卡塞尔大学（Universität Kassel）、魏玛包豪斯大学（Bauhaus-Universität Weimar）的设计专业也非常优秀，这里不再作过多介绍。

2.英国工业设计教育

英国是一个格外关照设计的国家，从撒切尔夫人到后来的布莱尔首相，都曾以精辟的言语来阐释设计在英国的发展方向和振兴道路中所起到的关键作用。撒切尔夫人曾这样描述："设计是英国工业前途的根本。如果忘记优秀设计的重要性，英国工业将永远不具备竞争力，永远占领不了市场。然而，只有在最高管理部门具有了这种信念之后，设计才能起到它的作用。英国政府必须全力支持工业设计。"她甚至强调："工业设计对于英国来说，在一定程度上甚至比首相的工作更为重要。"这样的豪言壮语确实为英国的工业设计鼓了气，使英国成为了当今的设计强国，当然也包括设计教育。1997年布莱尔上台执政以后，制定了许多奖励设计的政策，他认为："进入21世纪后，英国的创意产业对经济发展来说将非常重要，希望企业能够通过产品和服务来体现英国引以为豪的高度革新性、创造性和设计性，用来证明英国的实力。"政策的倾向给设计教育提供了丰厚的沃土，在英国，艺术与设计高等教育经费的20%是来自学生的学费，而另外80%则来自政府赞助。

英国设计教育的一大特色是其综合性，工业设计的学位课程由艺术、设计、人文学科、工程技术及媒体专业的教师授课，这些课程包括工业设计工程、设计与技术或者产品设计。其中的本科教学计划包括一年的基础课和三年的学位课，研究生的课程基本上控制在一年之内，并朝专业技能方向发展，如计算机应用、设计管理及其他相关的专业领域，从而有别于美国的艺术硕士教学。比较而言，美国的设计专业教学拥有更少量的设计类通识课程、更多的设计史课，而英国设计则具有悠久的实用主义传统，如伦敦皇家艺术学院（Royal College of Art）的学生要学习的必修课程中就包括参与两门以上学科的设计项目。

有一点值得说明，英国的艺术设计学院会在学生入学初期就开设一些对其学习和职业生涯有帮助的课程，学生须学会将他的创意从资料收集、研究、设计到实践完整清楚地通过作品形式展示出来。研究技巧作为一门必修课，所有本科生和研究生都必须修习，课程非常实用，包括说明什么是研究，介绍艺术和设计方面不同的研究类型以及如何选择具有研究意义的、合理的研究目标；如何用文字和图像来描述你的研究想法；研究的方式方法、参考资料的内容和范围，等等。同时，每周学校会请校外有名的艺术设计专家学者来讲授他们的研究经验。课程结束时会要求每位学生作一份有关文化艺术方面的专业研究实施计划。这些课程真正体现了"授人以渔"的教学宗旨，为学生今后的自我学习铺设了道路。

（1）中央圣马丁艺术与设计学院　中央圣马丁艺术与设计学院（Central Saint Martins College of Art and Design）成立于1989年，其前身是中央艺术和工艺学校（始建于1896年）和圣马丁艺术学校（始建于1854年）合并而成。伦敦戏剧中心和柏亚姆肖艺术学校分别于1999年和2003年加入圣马丁艺术与设计学院。在合并之前，中央艺术和工艺学校以其工业设计和平面设计享有盛誉，而圣马丁艺术学校则以时装和美术闻名于世，这使得现在的中央圣马丁艺术与设计学院成为一个综合类艺术院校。中央圣马丁艺术与设计学院提供英国最多样、最全面的艺术与设计学位和研究生课程，从本质上讲，它是一所完整的艺术学院。

中央圣马丁艺术与设计学院自创办以来培养出了很多优秀的设计师，他们为英国的创意产业做出了杰出贡献。英国天才时装设计师亚历山大·麦克奎恩（Alexander McQueen，图5-2）以及戴森真空吸尘器的发明者詹姆斯·戴森（James Dyson，图5-3），都曾在中央圣马丁艺术与设计学院学习。

图5-2　亚历山大·麦克奎恩和他的服装设计

（2）皇家艺术学院　皇家艺术学院（Royal College of Art）是世界上唯一仅有的一个完全是研究生以上课程为教育的美术院校，尤其是其硕士交通工具设计专业非常闻名。同时皇家艺术学院也是世界上唯一一所具有所有艺术与设计类专业研究生学位授予权的大学，从纯艺术、应用艺术到设计，其都可以授予硕士和博士学位。皇家艺术学院提供MA、MPhil（The Master of Philosophy，并非哲学硕士，一般为研究型的硕士，只有英国联邦国家有此学位）和PhD三种学位，教员不算太多但全部为著名艺术家、设计师、作家。皇家艺术学院现设有7大学院，包括应用艺术学院、建筑与设计学院、传达学院、设计制造学院、时尚与纺织品学院、美术学院以及人文学院。其中，建筑与设计学院包括建筑设计、交互设计

图5-3　戴森和他的真空吸尘器

以及产品设计专业；传达学院包括动画和艺术传达设计专业；而设计制造学院包括创新设计工程（原为工业设计工程）和交通工具设计专业。

（3）考文垂大学艺术设计学院 考文垂大学艺术设计学院（Coventry School of Art and Design）设有工业产品设计、消费品设计、平面设计等专业。这所大学主要以学历教育为主，设有大学预科、本科、硕士、博士各个层次课程，学生的入学条件较高，入学资格审查严格，要求有英语托福成绩和正规大专以上学历以及经济保证。

考文垂大学的交通工具、汽车设计专业在国际上享有盛誉，其毕业生遍布世界著名的汽车制造和航舰公司的设计部门，如德国的宝马、奔驰、奥迪、大众，瑞典的沃尔沃，美国的福特、通用，日本的丰田等汽车制造公司。正因为其专业的权威性，吸引了不少欧盟国家、北美、日本、东南亚以及中国台湾、中国香港等地区的学生到此留学，学习该校的交通工具和汽车专业。

除此之外，英国还有其他一些优秀的设计院校，如英国规模最大的大学之一——德伍尔弗汉普顿大学（University of Wolverhampton）的设计学院，其专业设置非常重视英国本土的工艺美术，尤其是在玻璃工艺、陶艺以及金属工艺方面为大家所熟知。诺森比亚大学（Northumbria University）曾培养过英国原首相布莱尔以及苹果电脑设计师的乔纳森·伊夫（Jonathan Ive，图5-4）。该校的艺术与设计专业见长于时装设计（被誉为10大顶级的服装高等教育中心之一）、工业设计以及交通工具设计。

图5-4　乔纳森·伊夫

3.意大利的设计教育

意大利是世界上有名的设计大国，这种称号不仅因为其拥有优秀的设计传统和众多设计大师，也由于在设计方面的"全能性"，其工业设计、汽车设计、服装设计、珠宝设计、家具设计以及室内设计都各具特色。意大利有世界上最好的设计教育，许多意大利设计师出自理工学院或者建筑学院，如米兰理工学院和都灵建筑学院。同一个设计师既可以设计一流的法拉利轿跑车，也可以设计出阿莱西家居生活的小产品。正如意大利著名的设计师埃托·索特萨斯曾说："设计对我而言是一种探讨生活的方式，它是一种探讨社会、爱情、食物甚至设计本身的一种方式……"。这也使得意大利设计更多地从生活本身考虑，而没有简单地对生活中的器具进行强行分类来简化人们对生活方式的理解，这也使得意大利的设计保持了对生活的哲学思考。

在意大利，无论是从事室内设计、工业设计、平面设计或者是服装设计都持有建筑学文凭，因为所有专业的学生不是分开来教授，工业设计与建筑设计是一种混合教学模式。

（1）米兰理工大学 米兰理工大学（Politecnico di Milano）建于1863年，是意大利最大最有权威的理工科大学。学校分为7个校区，有9个学院。一个设计学院；两个建筑学院；

建筑学与社会学院、民用建筑学院；六个工程学院：土木、环境与领土工程学院、建筑工程与建筑学院、工业工程学院、工业流程工程学院、系统工程学院与信息工程学院。

米兰理工大学的教育被分为四个阶段，第一阶段是理学学士（Bachelor of Science，BSc），在三年的本科学习之后取得，学校要求学生在本科第三年申请校外公司做些兼职工作以获得相应的工作经验。获得理学学士后可以继续攻读理学硕士或者直接参加工作。第二阶段就是理学硕士（Master of Science，MSc），其学习主要使学生得到高层次的训练，学制一般为两年。第三阶段是专攻硕士（Specializing Master），这个学位主要是为获得BSc和MSc学位的工作人员为提高自己的实践技能而设，学制为一年。第四个阶段就是博士（PhD），学制一般为三年，申请意大利的博士学位必须具有硕士学位或者同等学力。

米兰理工大学培养出了很多优秀的毕业生，现代主义设计大师有吉奥·蓬蒂（Gio Ponti，1891—1979）、后现代主义大师埃托·索特萨斯（Ettore Sottsass，1917—2007）、家具设计师阿齐利·卡斯提戈里奥尼（Achille Castiglioni，1918—2002）、高技派建筑设计师伦佐·皮亚诺（Renzo Piano，1937—）、建筑师安东尼奥·奇特里奥（Antonio Citterio，1950—）以及服装设计师乔治·阿玛尼（Giorgio Armani，1934—）都曾在此读书。图5-5是埃托·索特萨斯和他设计的"情人节"打字机，图5-6是伦佐·皮亚诺和他设计的法国蓬皮杜艺术中心。

图5-5　埃托·索特萨斯和他设计的"情人节"打字机

图5-6　伦佐·皮亚诺和他设计的法国蓬皮杜艺术中心

米兰理工大学设计学院的本科专业主要包括工业设计、装潢设计、传播设计、室内设计以及时装设计，课程全部用意大利语授课；硕士课程除包含本科方向之外还另设了设计与工程（Design and Engineering）和产品服务系统设计（Product Service System Design）专业。产品服务系统设计采用英文授课。

（2）多姆斯设计学院　多姆斯设计学院（Domus Academy）1982年建立于意大利米兰，被称为后工业化时代欧洲最著名的设计学院，费雷（Gianfranco Ferre）、菲力普·斯塔克（Philippe Starck）和安德里亚·布兰兹（Andrea Branzi）等设计大师都曾来此执教。多姆斯设计学院既是一所研究生学院，又是一个专注于设计、美学和设计营销的研究型实验室。

多姆斯设计学院与意大利设计行业保持着密切的联系，以校企合作为特色培育出设计界的顶尖专业人才。诸如菲亚特汽车、本田汽车、富士通、宜家家居、耐克以及诺基亚等国际知名的创意设计企业，都和多姆斯设计学院保持着紧密的联系。

1994年，多姆斯设计学院获得金圆规奖项（Compassod.s Oro），此奖项由吉奥·蓬蒂在1954年设立，是意大利最著名的工业设计奖。在2006年多姆斯设计学院还被美国《商业周刊》杂志评为全球十佳设计高等学府之一。

4. 其他国家工业设计教育

（1）法国的设计教育　在欧洲，除了德国、意大利和英国以外，法国、荷兰以及北欧的芬兰、瑞典和丹麦等国家的设计艺术教育也非常出色。法国的时装设计以及北欧的家具设计被公认为专业领域圣地，吸引了不少学生和年轻设计师到此学习和深造。

在法国有近60多所国立高等艺术院校，其中20多所开设了设计专业。除此之外，私立的设计艺术学院也有相当大的规模。巴黎高等工业设计学院（ENSCI）、巴黎高等艺术装饰学院（ENSAD）以及巴黎美术学院（ENSB）被称为巴黎的三大美院，其中巴黎美术学院不仅在法国家喻户晓，在国际也是有着绝对的威望，我国老一辈的绘画大师徐悲鸿、林风眠以及颜文梁都曾留学于此。巴黎高等工业设计学院是法国唯一一所设置工业设计专业的高等学校，颁发与艺术文凭不同的工业设计文凭。巴黎高等艺术装饰学院与巴黎美术学院齐名，20世纪60年代以"工业美学"的设计教育特色而一度成为法国设计教育的先锋院校，著名的法国设计师布鲁莱克兄弟就毕业于此。图5-7是罗南·布鲁莱克（Ronan Bouroullec）和艾万·布鲁莱克（Erwan Bouroullec）兄弟与世界著名的德国家具生产商维特拉（Vitra）合作，用了4年时间设计出的植物椅。这条纤维强化的塑料椅，扁平的叶脉延伸交织成不规则圆形座位，加强的肋条延伸至椅腿，从背后看，就像一片树叶。

法国公立的艺术院校一个很大的优势是留学费用相对英美要少很多。在公立大学里，无论是法国学生还是外国学生一律免学费，只需交一些如注册和健康保险等杂费。但稍有遗憾的是，法国公立艺术院校的入学申请非常困难。

（2）北欧的设计教育　北欧地处斯堪的纳维亚半岛，包括芬兰、丹麦、瑞典、冰岛以及挪威五个国家。优美的风景、富裕的资源使得北欧人民有着美好的生活体验，这样的体

图5-7　布鲁莱克兄弟为维特拉公司设计的植物椅

验也使得其设计充满自然与温馨。北欧的设计注重传统工艺，并且将现代技术和材料引入到设计中来，尤其是他们的家居产品设计，工艺精美，造型优雅，素有"北欧风情"之称。当然，北欧的设计除了与本身自然条件有关外，还与卓越的设计教育分不开。芬兰的赫尔辛基艺术设计大学（University of Art & Design Helsinki）、赫尔辛基理工大学（Helsinki University of Technology）建筑系、丹麦皇家美术学院（Royal Danish Academy of Fine Arts）、瑞典皇家工艺美术学院（Swedish Royal Academy of Arts）、瑞典皇家理工大学（KTH-Royal Institute of Technology）建筑系、拉赫提设计学院（Lahti Institute of Design）、挪威奥斯陆国立工艺美术学院（Faculty of Art, Design and Drama, Oslo University College）都是北欧设计人才培养基地。它们的教师在社会上有着丰富的设计经验，同时又投身于教学实践中来，以自己的实际案例来培养学生，达到了很好的教学效果。丹麦皇家美术学院的家具设计师雅各布森、芬兰赫尔辛基艺术设计大学的家具设计师库卡波罗，都是杰出的设计人师同时又是一流的设计教授。雅各布森在家具设计中大胆尝试新的方法和工艺，进而设计出了大量的经典家具产品，如蛋椅（图5-8）、蚁椅以及天鹅椅等代表作品。在蛋椅的制作上，雅克布森使用了一种新发明的化学合成材料，这种材料可以制成海绵泡沫状，然后把材料粘在模压玻璃纤维板上。库卡波罗认为"一张椅子的形状应该是人体形状的反映，好像人体一样柔软，同时也具有美感。"所以他的设计讲究人机工学、生态，在突出技术和现代材料的要素之外，具有强烈的平面形态，如图5-9所示。

图5-8　雅各布森设计的蛋椅

图5-9　库卡波罗和他设计的椅子

芬兰赫尔辛基艺术设计大学是北欧斯堪的纳维亚国家中规模最大和教学质量最好的艺术设计类院校之一。该校的专业设置比较全面，从环境艺术到产品设计以及家具设计应有尽有。英文授课的硕士课程包括：应用艺术与设计、环境艺术、时装与布艺设计、家具设计、图像设计、工业及策略设计、新媒体、摄影产品设计以及纺织艺术与设计，学时一般为两年。

赫尔辛基艺术设计大学是目前世界上为数不多的具有家具设计博士学位授予权的高等设计院校，建筑室内与家具设计系是该校的重点学科之一。赫尔辛基艺术设计大学的家具设计专业运用了"三分法"教学体制，即把教学过程分为三个部分：第一部分以设计理论和设计史论为主；第二部分着重培养学生的专业技能以及动手操作能力，是一个实践环节，主要在学院的厂房和车间进行；第三部分便是教授指导下的设计工作室制，让学生能够接触到实际的设计案例，培养学生的设计能力。这样的"三分法"教学体制使学生从创意草图绘制到计算机辅助设计，一直到最后的模型制作都得到了锻炼，提高了学生的整体素质。

帕米奥椅

扇形凳

图5-10　阿尔瓦·阿尔托与他的设计作品

2009年8月1日，芬兰政府实施一项合校计划，将赫尔辛基理工大学、赫尔辛基经济学院以及赫尔辛基艺术设计大学合并，并以现代主义建筑师阿尔瓦·阿尔托（Alvar Aalto）的名字命名，成立了阿尔托大学（Aalto University）。图5-10所示为阿尔瓦·阿尔托与他的设计作品。芬兰人对于设计的重视可见一斑。

芬兰的学生从小学到大学的学习费用全部由政府负担，当然这与他们的高税收和高福利有关，高校对包括外国留学生在内的芬兰籍学生实行免收学费政策，所以到北欧去学习设计无疑是一个比较经济的计划。

5.1.3　亚洲国家工业设计教育发展与现状

1.日本工业设计教育

日本在第二次世界大战之前没有什么重要的设计活动，现代的设计教育就更谈不上了。直至1951年，千叶大学工业设计系成立，才使得日本工业设计教育由传统的工艺制作传授转变为现代设计教育。同年，日本政府邀请美国当时著名的工业设计师雷蒙·罗维（Raymond

Loewy，1893—1986）到日本讲学，讲授现代工业设计理念。这一事件让日本工业设计师了解了世界最新的设计理念和技术状况，有效地推动了日本后来的工业设计发展。在之后一年，日本工业设计协会（JIDA）成立，同时还举办了日本第一次工业设计展览，日本的设计教育也随之发展起来。自20世纪50年代日本经济的复苏，企业对于工业设计这一新型设计方法表现出了强烈兴趣，造成设计人才急剧短缺，促进了日本国内的设计办学与人才培养。

（1）千叶大学工学院工业设计系　千叶大学（National University Corporation Chiba University）是一所日本国立综合大学，工业设计系被设置在工学院里，由工业意匠计划讲座和传达意匠讲座构成。其中，工业意匠计划讲座包括：人机工程学、材料计划、设计系统计划、产品设计、环境设计等五个专业研究领域。传达意匠讲座包括：设计文化计划、设计造型、视觉传达设计、设计心理学等四个专业研究领域。

千叶大学与中国的设计教育有着密切的联系，早在20世纪70年代我国老一辈的设计师和教育工作者相继在千叶大学学习工业设计，并把先进的设计理念带回国内。

（2）武藏野美术大学　武藏野美术大学（Musashino Art University）是一所私立大学，其前身为帝国美术学校，建于1929年，1948年该校改名为武藏野美术学校，1962年升格为武藏野美术大学，是日本屈指可数的私立美术单科大学。该校设有美术专业、设计专业（平面设计、工业设计、空间设计）、生活设计专业。招收4年制大学本科生和研究生。本科生学习课程有：日本画、油画、雕塑、视觉传达设计、工业设计、空间设计、摄影、基础设计。

（3）多摩美术大学　多摩美术大学（Tama Art University）也是一所私立大学。其前身为多摩市国立美术学校，建于1935年，1953年升格为多摩美术大学。1964年，多摩美术大学在日本的私立美术大学中率先成立了第一个研究生院，并开办了夜间大学。该校美术系设有绘画专业（日本画、油画、版画）、雕塑专业、工艺专业（陶艺、玻璃工艺、金属工艺）、平面设计专业（广告设计、传达设计、表现设计）、工业设计专业（产品设计、纺织品设计）、环境设计专业（景观设计、建筑设计、室内设计）、信息设计专业（多媒体技术、人机系统）、艺术专业（戏剧美术、场景美术设计）。研究生的研究方向有：绘画、雕塑、设计（平面设计、产品设计、室内设计、工艺品设计、染织品设计、建筑设计）。夜间大学的学习内容有：视觉传达设计、图形图表表示方法、产品设计、环境设计等课程。

多摩美术大学培养了不少优秀的毕业生，深泽直人就是其中一位。他是1980年从多摩美术大学产品设计系艺术与3D设计专业毕业的，后来也曾在产品设计系担任讲师。他的设计在欧洲和美国赢得了四十余项设计大奖，也曾为诸如苹果、爱普生、日立、无印良品等企业工作，成为日本首屈一指的著名设计师。

除此之外，筑波大学艺术系和东京艺术大学也都是设计专业领域很不错的院校。

2.韩国工业设计教育

韩国的设计教育是从1946年的图案设计专业开始的，当时有应用美术、产业设计、信息设计等专业，20世纪70年代以后，在产业设计内又分为产品设计专业和视觉设计专业。产品设计专业主要包括汽车、电子产品、照明器具、家具等三维概念为对象的设计领域；视觉设计专业以包括广告、海报、插图、书籍和杂志设计等二维概念为对象的设计领域。特别是从20世纪80年代以来，随着设计产业的发展，设计相关专业也日益增加，韩国KBS电视台曾做过一期专辑，强调设计的重要性，从那时起，韩国的设计进入了飞速发展的阶段。到了20世纪90年代，设计专业的人才急剧增加，工业设计教育迅速发展，在一些著名的综合性大学和理工大学内开设了工业设计系。

20世纪90年代以后，韩国设计教育是一种多样化趋势，不仅包括产品设计专业、视觉设计专业，还有以建筑物的室内环境为对象的室内设计，以建筑物外部环境为对象的室外设计，利用电脑进行的游戏、网络设计等多媒体设计，以及原来就一直存在的以人为对象的服装设计和最近把设计的对象扩展到了社会制度和企业经营领域的设计经营专业，并且该专业正在以研究生课程为中心发展。大部分的学校把产品设计的教育课程分为专业基础课、专业深化和专业特殊化科目，非常重视不同学科专业相互间的合作交流，并积极与当地的企业合作，突出实践教育。

5.2 我国工业设计教育发展现状

5.2.1 起步时期的工业设计教育探索

相对于发达国家的工业设计教育，国内起步比较晚。20世纪70年代末80年代初，国内极少的几所理工和美术院校开始着手工业设计教育的建设，这里面包括中央工艺美术学院（现为清华大学美术学院）、北京理工大学、湖南大学、无锡轻工业学院等十余所院校。当时的工业设计师资和办学模式主要借鉴德国和日本，很多早期的教育者主要都是从德国和日本留学回来的，他们把国外先进的设计理念和教育模式引入国内。

在我国开始发展工业设计之初，一直是以理工类生源为主，只有在极少数艺术院校招收艺术类生源。而1998年新开设的艺术设计专业则明显附着有美术院校传统的招生特点：艺术基础和文化课兼顾考虑。两种专业学位的授予也有所不同：综合院校的工业设计专业是授工学学位，艺术设计专业是授文学学位；艺术院校的工业设计办学实际是按照艺术设计方向进行，其招生也就自然遵循艺术类的招生模式；还有个别院校的工业设计专业是按美术特长生进行招考。

1. 理工院校的工业设计教育

理工院校工业设计主要是解决"把设计一向流于'创作外形'的教育重心转移到'解决问题'上去"的问题。理工院校招收多为工科学生，他们的自然科学基础强硬，有着较强的逻辑思维，对日新月异的科技信息、专业知识有较强的敏感，容易消化吸收，从事工业设计实践更有着他们在技术方面的设计优势。

理工院校在课程设置上理科和工科内容所占比例较大，包括电工电子、机械设计、大学物理以及材料和材料力学等课程，主要是让学生具备良好的工程知识，为产品设计的实现打好基础。同时，为了改善理工科学生的艺术功底，在课程设置上艺术类课程也占据了相对较大的比例，如素描、色彩等课程的开设都是为了加强美术基础。其实无论理工类还是艺术类的学生，院校教育培养的都是学生的设计思维与设计表达能力。

由于设计专业学生入学前的艺术基础不同，一些学生因为设计表现上的欠缺影响专业学习，并误把工业设计理解为美工，认为设计都是在"玩表现"，缺乏正确的激励，专业学习自然缺乏动力。其实，工业设计远不是初学者理解的那样。工业设计是一门"解决问题"的实践专业，不仅需要对生活中的器物和行为有着思辨能力，同时还要求掌握有关技术、材料、加工以及人机等工科相关知识。这样的一个庞大交错的知识体系才能使设计师合理地展开"造物活动"，而不单单是设计表现所能解决的。再者，工科学生的艺术意识和造型表现能力也是可以通过后天的努力来培养的。

国外的设计教育都非常重视学生的动手能力，他们认为一张精美的手绘草图和渲染草图说明不了什么问题，制作出来的模型是否合理和实用才是关键。美国苹果公司工业设计高级副总裁乔纳森·伊夫在接受伦敦皇家艺术学院的名誉博士头衔时诚恳地说道："我的手绘技巧很差……我是一个差劲的（产品效果）呈现者。所以，我的时间都聚焦在产品的'设计'上。""我热爱制造产品原型，从创意到原型，我们的运转流程非常流畅，我只是喜欢制作东西。"由此可见，设计表现只是解释自己设计的一种方式，如果你有很好的动手制作能力是完全可以弥补手绘和渲染带来的不足的。但是，也不应当被伊夫的讲话误导，有好的手绘和电脑渲染功底确实能大大提高自身的竞争力。

2. 美术院校的工业设计教育

美术院校工业设计专业的开设为国内的工业设计教育提供了强大的发展动力，同时也培养了不少优秀设计人才。美术院校的工业设计专业是从先前的装潢艺术专业分化而来，后来有的院校更名为工业造型专业，所以在人才的培养上更多重视学生的艺术表现。美术院校的招生通常按照艺术类来招生，入学前一般会安排相关的美术课程考试。由于美术院校开设的专业偏重于人文和艺术，这使得设计专业的学生能够更好地受到文化以及艺术熏陶，所以他们具有了良好的审美以及表现能力，在产品造型能力上也有着先天的优势。

受到院校的教学资源影响，美术院校在课程设置上以艺术类为主，重点培养学生设计表现能力，如素描、色彩、设计基础（平面构成、立体构成、色彩构成）、效果图制作、计算机辅助设计（Auto CAD、3ds max等）以及模型制作等。同时美术院校也相应地开设一些工科课程，如材料工艺学、人机工程学等，为的是使学生能够具备相关的工程基础。

无论是理工院校还是美术院校，他们在教育上都具有自己的教学特色，发挥了各自的背景优势，从而使得设计教育在发展上能够多样化，培养出的设计人才才能满足社会的不同需求。

5.2.2 制造业发展催生大设计趋势

1. 艺术设计的办学兴起

中国制造业的兴起，尤其是东南沿海一带高新技术的发展以及产业链的优化，使得设计在企业中的作用越来越突出，企业对设计人才的渴求反映到了艺术设计教育上来，全国各大高校都相继成立艺术设计专业或者艺术设计学院。艺术设计专业在这种背景下迅速在全国几百所高校中兴办起来，并与已有的工业设计专业形成了互生共存的局面。

艺术设计与工业设计相比，国内办学有着很多相似的地方，其政策性的出现和近乎产业性的繁荣还不到10年。1998年教育部将普通高等学校本科专业目录进行调整，把专业种数由原来的504种减少至249种，下调了50.6%。此次调整中，与设计艺术相关的装潢艺术设计、染织艺术设计、陶瓷艺术设计、室内与家具设计（部分）、装饰艺术设计、环境艺术设计、服装艺术设计等7种专业被一次性全部取消，一并合为"艺术设计"专业。

国内艺术设计教育快速发展的同时，也随之产生了一些现实性问题：在校设计专业学生数量急剧扩大，与师资短缺形成鲜明对比；设计办学不考虑地域产业发展和经济背景，加之办学理念以及教学方向的趋同，特色不明显；设计实践教学的深入程度不够，缺乏应有的企业认可；设计教育规模与企业创新发展不同步，设计就业压力增大等。如何解决这些问题，正是未来国内工业设计和艺术设计办学所要关注和思考的。

2. 大设计观念下工业设计与艺术设计的办学整合

工业设计与艺术设计两个专业的办学经历虽然存在着各类差别，但从其发展过程和专业人才培养的主旨等方面不难看出，有着极其相近趋同的本质。工业设计与艺术设计之间的工作界限，在现今科技发展急剧并深入影响设计艺术类专业诸多层面背景下，变得不再界限分明。而机械生硬地割裂两类专业内在的本质联系，人为独立设置各自办学体系，越来越缺乏科学性和实施的有效性。这也使得工业设计与艺术设计两者的专业大方向进行整合成为一种必然的趋势。

对工业设计与艺术设计的"整合"，一方面可以更为有效地利用教育资源，避免同类专业在一所院校的重复设置，相互抑制可能的专业方向探索；另一方面，可以促进两个专业的优势互补，消除各自任意发展的盲目状态，借整合契机调整专业办学规模，避免套用经济学上"做大才能做强"的概念，回归"理性"与"务实"的办学精神。

理工类生源因国内固有的中小学教育体系，普遍的文化课成绩比较好，具有较强的逻辑思维能力，对工程技术类的知识敏感；而艺术类生源则是有相当的美术基础，专业追求欲望较强，思维少有束缚而善于表现技能。两者各有所长，如能合理组织协调，当会产生非常理想的合作效果。一方面，艺术类生源有着较强的美术基础和专业探索欲望，将理工类生源融入其中，可以增强这方面的专业感染，在两类生源的学习接触中，潜移默化地形成课堂教学无法做到的氛围引导；而与理工类学生共处，可以促进艺术生源科技素质和逻辑思维能力的提高，使其在学习中摆脱主观表现意识，增进对设计科学性的了解。另一方面，两类生源在融合教育的同时，一样可以依据其个体素质的不同有所专长，如某些企业设计部门中，具有艺术基础的设计师善于做设计表现和具体设计创意工作，而具有理工基础的设计师则更擅长于整体设计控制和技术细节的攻关。

随着信息设计、服务设计等非实体化的设计内容被引入到工业设计中，大设计观念逐渐形成。社会将焦点投射到设计的综合人才培养上面，设计不再被认为是一种技能，而是一种创新的精神和解决问题的理念。这使得人们对设计教育有了新的看法和认识，设计教育工作者开始关注于工业设计与艺术设计的办学整合。

思考题

1. 美国的设计教育有什么特点？为什么美国的设计教育具有很强的商业性？
2. 网上浏览欧洲相关设计院校，体会其设计教育的特点。
3. 国内美术院校与理工院校在教学特色上有何差别？

第 6 章

工业设计资讯常识

本章教学目的： 本章重在介绍工业设计行业的主要资讯常识和了解渠道，同学借此把握设计的"全球化与本土化"视野，同时了解先进的设计公司及其设计理念的发展动向。

本章学习重点： 熟悉相关设计咨询的渠道，培养并保持设计领域的敏感和接触意识。

6.1 当代知名设计师及其作品

6.1.1 马克·纽森

1.个人介绍

马克·纽森（Marc Newson），1963年出生于悉尼。他是继菲利浦·斯塔克之后，当代最受欢迎、最有成就和影响力的多产工业设计大师。他曾经在悉尼艺术学院学习珠宝与雕塑课程，毕业后在悉尼Roslyn Oxley画廊举办了个展，展出他的著名作品Lockheed Lounge躺椅。他的设计视角敏锐、独特。

1991年马克·纽森在巴黎成立工作室，为欧洲著名的制造商设计产品。1997年在伦敦设立马克·纽森公司，进行范围广泛的设计，从钟表、椅子、自行车、家具、珠宝、时装、玻璃器皿到餐馆、录音工作室、飞机的内部装潢等。他曾经为国际知名品牌设计产品，其中包括阿莱西（Alessi）、马吉斯（Magis）、佛洛斯（Flos）、比奥米伽自行车（Biomega）、卡培利尼（Cappellini）、福特汽车（Ford）等，同时他还为悉尼歌剧院设计了灯光。

2005年，马克·纽森被《时代》杂志评为100名最有影响力的人物之一，同时有人称他为"一个为世界制造梦幻曲线的人"。

2.风格评价

马克·纽森被喻为"跨行业的设计鬼才"，"柔和极简主义"是他的设计风格。他曾经被邀请参与欧洲最大空间技术公司的空客A380飞机内舱设计。机舱里柔美的弧度，让人在旅途中轻松惬意。他倡导将温暖与自然的元素引入设计中，减淡高科技工业所带来的冰冷感、坚硬感。对于这个多产设计师来说，他希望将"柔和极简主义"贯穿在他设计的所有作品之中，使它们具有相同的精神和概念。

3.代表作品

在学生时代，马克·纽森以设计椅子而闻名，如图6-1所示的洛克希德休闲椅。他还设计了著名的"Felt"和"Embryo"椅子，被设计界誉为世界十大值得收藏的椅子。Felt椅面柔软的线条，恰好让一个人悠闲地靠坐在里面（图6-2）；Ebmryo椅子则模仿了子宫内的胎儿

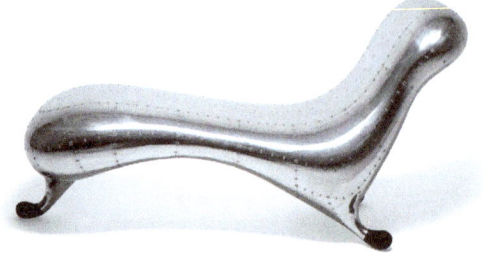

图6-1 洛克希德休闲椅（Lockheed Lounge）

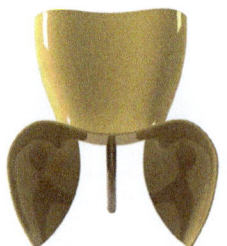

图6-2 马克·纽森负责设计的Felt椅子

（图6-3）。这两把椅子，确立了马克·纽森"柔和极简主义"的风格。马克·纽森另外一件引人瞩目的代表作是一架不会飞的Kelvin40概念喷气式飞机，该作品在巴黎的卡地亚基金会总部展出，如图6-4所示。另外，马克·纽森负责设计的福特021C概念车深受年轻人喜爱，如图6-5所示。其采用碳纤维材料，前后两门对开方便进出，整体外形小巧可爱，充满活力色彩。他的作品已经得到包括伦敦设计博物馆（Design Museum，London）、纽约现代艺术博物馆

图6-3　马克·纽森负责设计的Ebmryo椅子

图6-4　Kelvin40概念喷气式飞机

图6-5　马克·纽森负责设计的福特021C概念车

（MOMA，The Museum of Modern Art）、德国维特拉设计博物馆（Vitra Design Museum）、法国国家现代艺术博物馆（National Museum of Modern Art in Paris）等许多博物馆永久收藏。

6.1.2 贾斯伯·莫里森

1.个人介绍

贾斯伯·莫里森（Jasper Morrison），1959年出生于英国伦敦，在英国皇家艺术学院取得硕士，是当代工业设计领域中的重要人物之一。

1986年贾斯伯·莫里森在伦敦开设了自己的设计室。1987年他在卡塞尔为路透社新闻中心的Documenta 8做设计。1988年，作为欧洲文化城市计划活动的一部分，在柏林DAAD画廊展出了他的部分家用设计作品。1992年他为福适博公司（FSB）设计的1144系列门把手荣获邦德斯普里斯产品设计奖（Bundespreis Produkt）和德国iF设计大赛"十佳"奖。1996年，他的Lima椅和Bottle瓶架被纽约现代艺术博物馆永久收藏。1997年，他设计的汉诺威电车（Hannover）荣获iF交通设计奖和生态奖。2001年当选皇家工业设计师。

2003年贾斯伯·莫里森在巴黎开设另一个分设计室，服务对象广泛，包括：阿莱西（Alessi）、卡培利尼（Cappellini）、佛洛斯（Flos）、马吉斯（Magis）、好运达（Rowenta）、维特拉（Vitra）等国际著名企业。2004年，贾斯伯·莫里森成为韩国三星、日本无印良品、英国理想标准（Ideal Standard）和意大利奥利维蒂（Olivetti）的咨询顾问。

2.风格评价

贾斯伯·莫里森的设计以简约、精练、低调、功能至上、注重细节、强调设计本质而著称，是英国20世纪80年代以来，领导新简约设计重要的代表人物之一。同时，他追求简单、实用、质感、持久的设计，反对奢华，强调质朴。他认为好设计不是所谓的大改进、大创新，而是从小处入手，对传统作小的改良。

贾斯伯·莫里森创造出"无设计"（no design）的口号，诉诸"减法"的设计哲学，提倡只保留设计精粹的本质，仔细发现日常生活的禅意，是新生代设计师们最应该关注的细节。贾斯伯·莫里森认为设计的根本目的是改善人类生活，而非哗众取宠的表面功夫，因此其作品在简练的线条之外，更注重功能性。图6-6是贾斯伯·莫里森个人网站上的一些代表设计。

贾斯伯·莫里森的作品与iPod同属简约风格，但贾斯伯·莫里森关注的是产品本身，而iPod更多的是在使用人群中倡导某种文化。贾斯伯·莫里森于1998年出版的《无字的世界》（A World Without Words）阐述了他的设计哲学是"平常至极"（super

图6-6 贾斯伯·莫里森个人网站上的代表设计
（http://www.jaspermorrison.com）

normal），他主张设计师应该真实地去体验生活，让所有物品都放弃无谓的浮华，去追求设计的本质。

3.代表作品

图6-7是贾斯伯·莫里森1986年设计的"Thinking Man's Chair"椅子，造型简洁、干净利落、舒适自然，内敛到极致，如中国的"禅"。贾斯伯·莫里森1999年为维特拉（Vitra）设计了Low Pad和Hi Pad系列椅。Low Pad简洁，其曲线接近人的自然曲线，如图6-8所示。1999年，贾斯伯·莫里森完成了为马吉斯（Magis）设计的世界首张以气辅成型技术生产的椅子——Air Chair，如图6-9所示。20世纪80年代末期，贾斯伯·莫里森痴迷于设计沙发，其中以1989~1991年间设计的Bench Family沙发系列、1992年设计的新沙发系列为代表，在设计界确立了他的"平常至极"风格。

图6-7　1986年设计的"Thinking Man's Chair"椅子

图6-8　Low Pad　　　　　　　　　　图6-9　Air Chair

6.1.3　喜多俊之

1.个人介绍

喜多俊之（Toshiyuki Kita），1942年出生于日本大阪，是日本国宝级设计大师，被誉为"最欧洲"的日本设计大师。他1964年毕业于大阪艺术大学，是一位在环境、空间、工业设计领域的国际舞台上活跃的设计大师。由于对日本传统工艺的喜爱，所以他一直致力于将濒临失传的传统技术和材料运用于现代设计中，使其设计作品与日本传统手工艺有着密切关系。

喜多俊之从1969年开始将创意领域从日本拓展到意大利。他为欧洲和日本各大制造商创造了一系列杰出的作品，包括家具、电视、家用机器人和众多日常用具。他的许多作品被世界各大博物馆收藏。喜多俊之设计的产品家喻户晓，并曾多次获得各种大奖。近年来，喜多俊之经常受邀在欧洲和亚洲巡回举办教育性演讲和学术活动。他与中国的设计界一直有着良好的合作和交流，曾担任2006~2008年中国创新设计红星奖特别评审，中国中央美术学院客座教授，2009年在上海举办个人展览，以及参与2010年上海世博会日本馆的设计制作。

2.风格特征

喜多俊之将乐观、幽默的设计风格完全展现在他的设计作品中。他强调"不能让人开心地设计，寿命总是不会很长"，这也是他创作的原动力。他的作品时常透露出谐趣及游戏性，其中最具代表性的是20世纪80年代推出的Wink椅，使喜多俊之在全球设计界备受瞩目。兼具功能与形式的设计，形成了喜多俊之独有的设计灵魂。从他近年来的新作中，越来越能感受到他对传统日本工艺和文化的继承。他认为设计的艺术植根于一种平衡的创造，即精神与物质、人与自然之间的平衡，当设计者在设计过程中投入他们的灵魂与情感，作品才更有震撼力，使用者才会珍惜使用，这样的设计也才是有灵魂的。

3.代表作品

喜多俊之的代表作品主要包括：与意大利顶级家居产品制造商卡西尼（Cassina）合作设计的Wink椅（又称米老鼠椅）；与日本著名电器品牌夏普合作设计的Aquos电视；与三菱公司合作设计的家用机器人Wakamaru；以小家庭概念设计的卡西尼系列座椅Canta、Biki、Aki椅；可爱的Dodo椅；等等。这些作品反射出当时最新科学技术的应用，以及将传统手工艺术应用于现代生活的方法。

图6-10　家用机器人Wakamaru

如图6-10所示，喜多俊之与三菱公司合作，设计了照顾及陪伴独居老人的家用机器人，并根据日本民间的传说人物Wakamaru为它命名。这种机器人身上还装着摄像机，能说1万单字，可以跟老人沟通、提供生活最新资讯、叫他们起床，并有保安的作用。

1980年喜多俊之设计了Wink椅（图6-11）。Wink椅是全世界第一张与汽车座椅一同开发的椅子，具备了汽车座椅的安全特性。侧面旋钮可调整椅背的倾斜角度。可上下翻折的头靠，像两只大耳朵，所以Wink椅也被人亲昵地称为"米老鼠"椅。座椅的各部分包有不同颜色可脱卸的布面，方便清洁。Wink椅的侧面像一个传统印象中跪坐于地的日本妇女，坐入Wink椅，就像是依偎在母亲的怀抱中。

图6-11　Wink椅

继Wink椅之后，喜多俊之以小家庭概念设计出了卡西尼系列座椅，其中包括：Canta、Biki、Aki。有头靠的是爸爸椅（Canta），象征着爸爸坚强的肩膀；妈妈椅（Biki）呈现双手环抱的姿态，表现出了母性的温柔；小孩椅（Aki）则像活泼可爱的小孩。这套以家庭欢乐为主题的座椅，被圣艾蒂安现代艺术博物馆（Saint Etienne-Museum of Modern Art）永久收藏，如图6-12所示。

图6-12　系列座椅Canta、Biki、Aki椅

1998年喜多俊之针对当时的Soho家庭工作环境和家庭影院需求的高涨，以及老龄化社会关怀这三个角度的综合考虑，设计了Dodo椅（图6-13）。Dodo椅的椅背可以调整不同的倾斜度，配合气压式头靠和脚靠，使其可以成为一张舒适的"床"。

图6-13　为卡西尼设计的Dodo椅

6.1.4　深泽直人

1.个人介绍

深泽直人（Naoto Fukasawa），1956年生于日本山梨县，1980年毕业于多摩艺术大学产品设计系艺术与3D设计专业。1988年，在日本爱普生、精工担任设计师。1989年前往美国，加入产品设计开发顾问公司ID TWO（IDEO公司的前身），8年后返回日本。1997年，他协助组建了IDEO日本分部。2003年，创办深泽直人设计公司，加入了无印良品顾问委员会。同年，他在家用电器和日用杂物设计领域里，创立了一个新产品品牌"±0"。深泽直人在东京多摩艺术大学产品设计系担任讲师，同时任东京AAD工作室主管，并且在日本顾问委员会的质量设计和经济部门，以及贸易与工业战略设计研究学会任职。

"±0"商店改变了仓储式的购物环境，它将购物环境设计得像一些精品的时装店，让顾客在这个环境下惬意地购买家电，如图6-14所示。"±0"设计与生产从雨伞到电器的各种家用产品。

图6-15所示是其作品之一——液晶电视和遥控器。液晶电视的形状就像以前最早的CRD电视形状一样。因为CRD的电视消费者用了很多年，有感情。把这个液晶设计成CRD的外形，来迎合消费者的恋旧情结。

深泽直人的设计在欧洲和美国赢得

图6-14　"±0"商店的购物环境

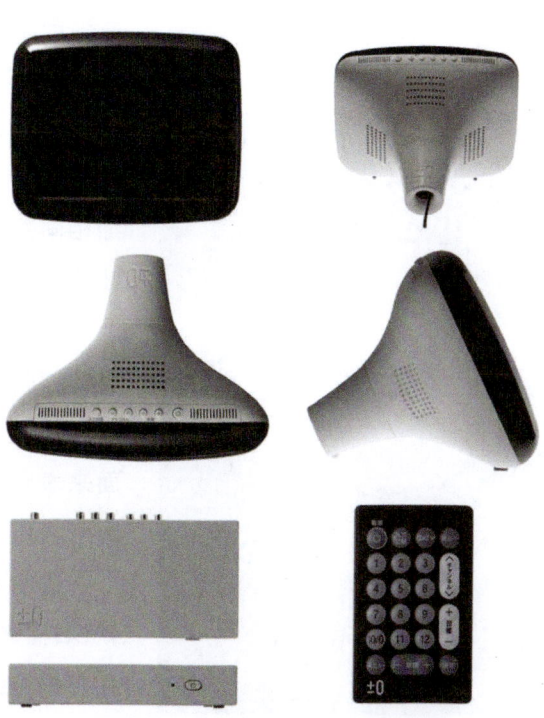

图6-15　设计的液晶电视和遥控器

图6-16　±0的2.5R系列新产品：钟和温度计、湿度计

了四十余个设计大奖，他曾为苹果、爱普生、日立、无印良品、NEC、耐克、精工、夏普、斯蒂尔凯斯（Steelcase）、东芝等知名公司进行设计工作。

2.风格特征

深泽直人在设计中追求极简，自然而不做作。在他的作品中，人们很少看到多余的装饰，他认为一个产品不应该打扰人，而应该通过自然而然地被人使用，成为人们日常生活的一个部分，过多的设计装饰反而是视觉上的污染。他强调设计是一种无意识的行为，要用最少的元素来展现产品的全部功能。相对于提倡"少即是多"的现代主义，在他的作品中能找到更多属于亚洲人的细腻优雅。目前，深泽直人进行着越来越多的设计思考，从专注于纯粹的视觉转向开始涉及抽象和富有表现力的东西。

3.代表作品

深泽直人是一个多产的设计师，产品涵盖范围很广，如：±0品牌的2.5R系列产品、三宅一生（Issey Miyake）品牌的Twelve手表、无印良品的CD播放器等。

如图6-16所示的2.5R系列新产品：钟和温度计、湿度计。其统一的内容是半径为2.5mm圆角，不仅仅是2.5R系列产品，深泽直人的很多作品都用半径为2.5mm的圆角，这也是人们很熟悉的弧度，是木材自然的弧度。

图6-17　三宅一生品牌手表

Twelve系列表款将时间分割为12等分，用12角形取代一般表款的数字显示部分，象征12个小时，并加上粗细相同的时、分针，在简洁的表面蕴含丰富的设计，单纯的形象与三宅一生的品牌主张相符（图6-17）。表盘上多指针的设计，随着指针的转动变化角度，使整个表盘仿佛就像是脸部表情一般多变而有魅力。省略过多的装饰配置，将时间数字的表现以切割成12角形的玻璃镜面来表示，仅留下黑色的指针与指示标志，配以简单的圆形表壳，更能展现美丽的黑色电镀金属质感。

图6-18　CD播放机

图6-18是深泽直人的经典作品——CD播放机。这款CD播放机的外形就是换气扇，它的精妙之处也正体现在那根拉绳上，只要将CD放进去，轻拉垂下来的绳子，停顿片刻，代替清风翩然而起的却是音乐声，整个过程

就好像打开换气扇一样，令人爱不释手。

图6-19是深泽直人为德国文具商雷梅（LAMY）设计的LAMY noto圆珠笔，细节设计精美，简单明了，色彩纯正。

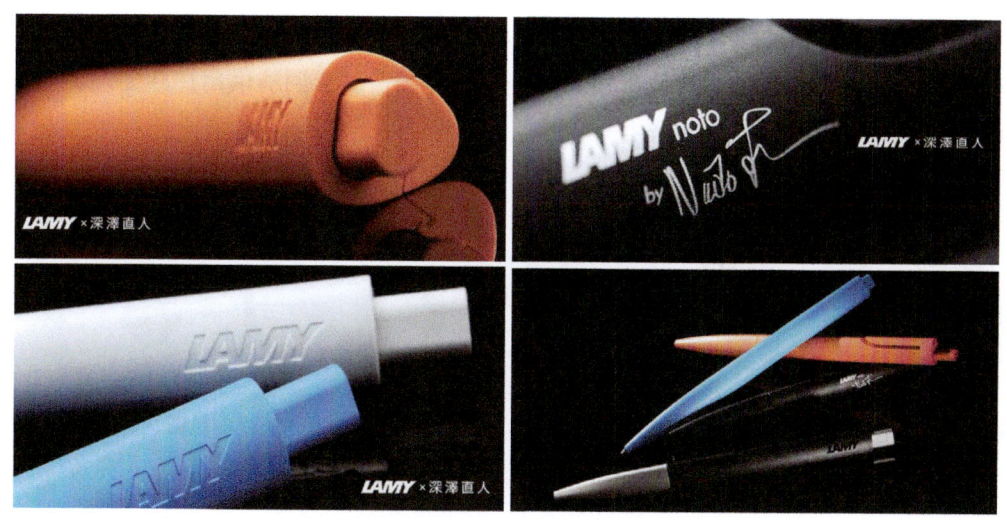

图6-19　LAMY noto圆珠笔

6.2　国内外设计公司介绍

6.2.1　美国IDEO

1.基本情况简介

IDEO成立于1990年，由三家小型设计公司合并而来：斯坦福大学教授戴维·凯利（David Kelley）创立的戴维·凯利设计室、ID TWO设计公司和矩阵设计公司（Matrix Product）。1982年，IDEO创始人戴维·凯利设计了苹果电脑公司的第一款鼠标，如图6-20所示。

IDEO总公司位于芝加哥，目前员工约400人，其中一半为工业设计师。IDEO公司给员工一个宽松舒适的工作环境，注重减轻员工的工作压力，并设有专门的娱乐办公区，员工需要休息时可以在娱乐办公区办公。IDEO认为设计不等于发明，产品不等于商品，所有好的设计都必须以经济层面与心理层面作为主要衡量标准。而设计团队必须组成多变性的创意团队，需要不同领域不同专业的专家来参与。

从创始至今，IDEO已经成为设计界的楷模。在近

图6-20　戴维·凯利为苹果电脑公司设计的鼠标

工业设计初步

几十年中，IDEO公司设计的产品几乎囊括了所有的设计奖项，并连续多次夺下美国《商业周刊》一年一度的"工业设计优秀奖项"。IDEO服务范围从零售业、银行业到保健行业和无线通信行业。已开发的产品包含范围广泛：电子、3C、时装、桌椅，甚至汽水瓶等。客户包括众多知名厂商，如宝马、耐克、3M、飞利浦、宝洁、惠普、AT&T、雀巢、沃达丰、三星、麦当劳、NEC、东芝、美国国家航空航天局、新加坡航空公司以及BBC广播公司等。现在，IDEO正在将自己的服务重心从单纯提供用户产品设计服务转变到提供用户感受设计服务上，如图6-21、图6-22所示。

图6-21　IDEO设计的医疗产品与数字产品，奇妙的曲面成为设计的趣味中心

图6-22　IDEO设计的纯白色调、简约时尚的个人娱乐数码产品

IDEO设计的宗旨是"以用户为中心"，强调人性化设计。在设计过程中，他们经常邀请客户一同进入产品创新过程，让客户们在此过程中学会如何创新。这种基于用户需求的设计，对设计"未来产品"很有帮助。

2.经营现状与发展趋向

IDEO的前瞻性在于通过提高自我变革能力来适应社会变化。2002年，IDEO感到依赖产品设计的经营模式无法支撑公司日后的发展，转型迫在眉睫。2004年，IDEO转型为一家专业的咨询公司，把关注点转移到消费者身上，业务内容远远超出了设计类范畴，更像是以设计为形式的用户体验顾问。如今，IDEO则把更多的精力投入到服务中的顾客体验设计，而不是具体的硬件产品设计，如购物、就诊或者无线通信服务。IDEO的转型无形中跟麦肯锡、波士顿和贝恩等咨询顾问公司形成了竞争。受IDEO的启发，专业咨询顾问们拓展了业务内容，开始为客户关注消费者；同时，越来越多的传统设计公司开始涉足IDEO的工作领域。同在美国的一致设计（Design Continuum）、奇巴设计（Ziba Design）和顿悟设计（Insight Product Development）等公司都开设了消费体验的业务。IDEO近年开始由原先的主打产品设计市场向全方位的设计服务与咨询公司形式转变，尤其是在为国际性大企业的战略性设计策划与产品研发、市场开拓方面，成为公司中长期的发展动向。

同时，创始人戴维·凯利为IDEO的未来设计出了第三阶段的蓝图——将教育同设计结合起来。很多公司将管理层派到IDEO来增强自己的创新DNA，通过帮助这些公司高层加深对消费者体验的理解，能够使客户增强自我创新的能力而不总是求助于他人。戴维·凯利认为，创新教育实际上正是将创意转化为商业、将教育转化成产业的绝佳途径。

6.2.2 德国青蛙设计公司

1. 基本情况简介

青蛙设计公司（Frog Design）1969年创建于德国，公司总部位于美国加利福尼亚州的帕洛阿尔托市，下属事务所分布于德克萨斯州奥斯汀、纽约、加利福尼亚州旧金山与圣何塞、西雅图、意大利米兰、中国上海和德国斯图加特，拥有跨学科专业队伍，提供包括家用电器、软件、娱乐、财经、医疗、零售和时装等领域的服务。公司的客户包括迪士尼、通用电气、惠普、罗技、微软、希捷、雅虎等。主要业务包括为客户提供高水平的产品战略、软件及UI开发、工业设计、工程设计以及品牌规划。

青蛙设计公司的创始人哈特莫特·艾斯林格（Hartmut Esslinger），曾在斯图加特大学学习电子工程，后专攻工业设计，这使他能将技术与美学完美地组合在一起。1969年艾斯林格在德国黑森州创立了设计事务所，这是青蛙设计公司的前身。1982年，他为维佳（Wega）公司设计了一种亮绿色的电视机，命名为青蛙，获得了巨大成功。于是，艾斯林格将"青蛙"作为自己的设计公司的标志和名称。

青蛙设计公司的设计既保持了乌尔姆设计学院和布劳恩的严谨和简练，又带有后现代主义的新奇、怪诞、艳丽，在设计界独树一帜，在很大程度上改变了20世纪末的设计潮流。青蛙设计公司的设计哲学是"形式追随激情"（Form follows emotion），因此许多青蛙设计公司的设计都有一种欢快、幽默的情调，令人忍俊不已，如图6-23所示。

青蛙设计公司的设计原则是跨越技术与美学的局限，以文化、激情和实用来定义产品。青蛙设计公司聚集了一群来自不同学科的专家，如设计、工程、媒体和材料各方面，他们通常以群体合作的方式工作，同时尽可能地发挥个人的作用。

2. 经营现状与发展趋向

青蛙设计公司是一家世界领先的创意策划咨询公司，通过发掘新兴市场的商机，将绝妙的构思融入产品与服务之中。青蛙设计公司的业务遍及世界各地，包括AEG、苹果、柯达、索尼、奥林巴斯、AT&T等跨国公司；设计范围非常广泛，包括家具、交通工具、玩具、家用电器、展览、广告等，但20世纪90年代以来该公司最重要的领域是计算机及相关的电子产品，并取得了极大的成功，特别是青蛙设计公司的美国事务所，成了美国高技术产品最有影响的设计机构。

艾斯林格认为，20世纪50年代是生产的年代，60年代是研发的年代，70年代是市场营销的年代，80年代是金融的时代，90年代以后则是综合的时代。因此，青蛙设计公司的内部和外部结构都作了调整，使原先传统上各自独立领域的专家协同工作，创造最具综合性的成果。为了实现这一目标，公司采用了综合性的战略设计过程，在开发过程的各种阶段，企业形象设计、工业设计和工程设计三个部门通力合作。这一过程包括深入了解产品的使用环境、用户需求、市场机遇，充分考虑产品各方面在生产工艺上的可行性等，以确保设计的一致性和高质量。此外，还必须将产品设计与企业形象、包装和广告宣传统一起来，使传达给用户的信息具

图6-23 青蛙设计公司设计经典

有连续性和一致性。

6.2.3 MOTO设计团队

1.基本情况简介

MOTO设计公司成立于1988年，是位于韩国首尔的专业产品设计公司，公司设计人员主要来自于韩国设计院校和外籍设计师。公司以企业的经营、产品功能紧密结合消费者的诉求与时代潮流，创造时代文化、经济和社会的最高价值为目标，主要负责产品的时尚风格性设计与概念性的创意设计。MOTO设计公司在设计管理上注重人文意识，设计师与工程技术人员紧密协作，充分发挥设计师团队合作精神。其业务范围主要包括信息工具、数字产品、家庭用具等，如图6-24所示。

存在着问题意识以及独特内容的设计，是MOTO的设计风格。MOTO设计公司根据不同国家的不同特色设计产品，并且借助由全球设计的网络组织资源，因而在任何市场都具有竞争力。

图6-24　MOTO设计公司设计的产品

2.经营现状与发展趋向

自1988年公司成立以来，MOTO已完成1000多个产品设计以及设计咨询项目，而且极具多样性。每一个设计项目从市场研究、创意定位，到设计深入、技术实现等每个环节都严格细致遵循设计程序，特别是在对于设计风格把握和工艺实现方面，管理尤其到位。公司同时还提供设计管理顾问工作，以专业知识人员组成的设计网络为中心，以良好的情报管理体制和准确快速的设计过程为优势。MOTO巧妙地寻求客户的经营目标、产品功能性、消费者诉求以及时代潮流等因素的平衡点,创造出体现文化、经济和社会价值的产品。

MOTO近年开始拓展中国市场,尤其是与联想的多次合作(图6-25),使其在中国的知名度提升很大。

图6-25　MOTO设计公司为联想设计的手机

6.3　企业工业设计活动

6.3.1　飞利浦

1.企业工业设计活动形式

当人们在逛家电超市或挑选电子产品时,飞利浦以简单高雅、亲切便利的独特产品魅力吸引着消费者。从家居产品、厨房用具、个人护理到照明、医疗器械,都是一致的格调。飞利浦是微电子和电子技术的专家,精通于功能多样、有人体工程学考虑的产品设计,对公共需求的知识有广泛的了解,掌握着全球市场营销渠道的运营。

1980年前,设计部在飞利浦只是一个主要负责广告设计的小机构。这个阶段,飞利浦过分强调设计师个人的创造能力,而忽略了整体的设计系统管理和对消费者的关注。造成的严重后果是,每一件产品本身可能都是艺术品,但并不一定适合消费者需求。飞利浦设计出来的产品越来越偏离大众，产品线也开始大规模膨胀，无法统一协调管理。

20世纪90年代，飞利浦对产品设计的态度发生了重大转变。1991年斯特凡诺·马尔扎诺（Stefano Marzano）担任设计部门主管。他执行了一种基于市场研究的战略，即"高设计"战略，更加以人为本。这一程序被很好地贯穿于整个商业程序同时吸收了其他设计相关技巧，如趋势分析学、心理学、社会学和文化人类学等。产品解决方案不应该仅仅是因为技术上的可能性而被创造的，还应该考虑到产品能够按照人们喜欢的方式去改善生活质量。

1993年前后，飞利浦设计中心开始全面转型，从"以人为本"的创新思路调整自己对设计的理解，更加强调从用户自身的体验出发来开发产品，随后又开始注重社会和文化方面的研究，以求全面创新产品。飞利浦设计部门的任务就是追求更好的设计品质，提供有竞争力的高端设计解决方案，为客户和社会创造价值。

飞利浦让管理者接受设计，在设计战略上提出了"一个设计"（One Design）的理念，即一切服务与设计相连。在飞利浦，每一个项目，都会将管理者带入合适的商业环境，并使他们对与设计相连的服务现状做出认识和评价，然后设计部门根据结果共同探索出可行的设计方案，从而将项目成功地导入设计渠道。

飞利浦设计以"为品牌增值"为目标，通过全球持续研究与分析，有效地做出决策，因为立足本土，又有国际眼界，因此设计和品牌结为整体。作为世界上最负盛名的设计中心，飞利浦将其设计理念归结为6条原则：将人放在第一位；保护环境；深刻理解技术变化；尊重独立性与自主性；发展高层次的设计，设计不只是设计部的事情，而要发展为公司每个人的DNA；要有社会道德等。

飞利浦公司是一家全球性公司，公司发展出一套"新价值特征"（New Value Signs Toolbox）系统，针对包括文化、科技及商业行为三大主题，再区分出短期、中期（3~5年）、长期（5~10年）的时间表，通过小卡片的形式，让包括设计师、工程师甚至营销团队这些参与产品开发的人员，可以持着小卡片共享沟通平台。

2.工业设计对于企业的明显作用

当今社会，设计已成为增加企业生产力，使商品具有独创特性的战略手段并发挥其功能，设计开始在经营活动中直接发挥作用。

捕捉消费者内心的需要、发现生活中潜在的趋势是飞利浦设计师首要的工作。在飞利浦全球12个设计团队的400多位成员中，除了设计师外，还包括未来学家、心理学家、历史学家、人类学家等，团队的研究课题包括社会价值观深处所隐含的影响未来世界构成的趋势等，并利用未来学和社会科学学、文化和设计学进行分析。这样就诞生了飞利浦颇具人性、简单实用的设计风格和品牌的文化特质。在这种人本设计理念的指引下，飞利浦旗下的众多产品成了市场的宠儿。

飞利浦设计中国香港区副总裁墨里·凯敏斯（Murray Camens）认为："设计是一种财富，最佳地使用设计资源，是由公司'一个设计'的理念贯穿，目标是将品质与效果最大地奉献给用户。飞利浦的服务也越来越与设计相连，因为一切为了用户的品牌体验，因此设计中心成为了飞利浦的竞争核心，而以设计创造生活的品牌形象在全球开始迅速传播。"飞利浦通过设计与管理的结合，从人与环境、人的需求，到设计方案、品牌建立、管理决策形成了自己的管理模式。

6.3.2 索尼

1.企业工业设计活动形式

第二次世界大战结束以后，1946年盛田昭夫和井深共同创建了东京通信工业株式会社（简称"东通工"），1958年，公司取名为索尼（SONY），出自两个考虑：一个是英语的"音响（Sonic）"；另外一个是英语的"乖孩子（Sonny）"。利用这两个词的谐音组合而成，四个字母，两个开音节，全世界读音基本一样，因此非常容易记忆，加之良好的联想功能，对于促进索尼产品销售、建立积极企业形象起到了非常重要的作用。

索尼设计创造了很多辉煌，如日本第一台晶体管收音机TR-55，世界第一台晶体管电视机TV-8-301，世界上第一台晶体管录像机，世界第一部立体声磁带随身听Walkman TPS-L2，等等。这些全新产品的创造为索尼树立了良好的品牌，也为全球的消费者带来诸如特丽珑、Walkman随身听、8mm摄录放一体机等创造全新生活方式的产品。

目前，索尼在全球共有5个创造中心，分别设在上海、东京、洛杉矶、伦敦和新加坡。索尼电子产品绝大部分都出自索尼创造中心。索尼设计的理念有四点：第一是原创性；第二是生活性，即对人们生活方式的改变，如Walkman；第三是功能性，即更加便捷的功能使用；第四是用户性，如按键排布方式、操作方式和界面设计等。索尼创造中心不仅设计产品，还会对颜色、材质的使用进行研究。

索尼设计师的工作方式是团体审议，大家参与、讨论，集中各种意见、集体探讨。设计部门还有机会向CEO直接汇报，沟通他们的设计理念和想法。索尼在全球创造中心交换设计师，让他们不仅学习各地的经验和特长，还带来不同市场的顾客信息。此外，索尼的设计师，还会在米兰这样的时尚之都，与手工艺术家、服装设计师、艺术师一起做一些非批量生产的产品设计。

2.工业设计对企业的明显作用

从20世纪50年代开始，索尼公司就坚持"创造市场"的设计政策，为此拟定了产品设计和开发的八大原则：产品必须有良好的功能；产品设计要美观大方；优质；产品设计要具有独创性；产品设计要讲究合理性，以便于批量生产；本企业产品必须具有独立特征的同时，又应有设计特征上的内部关联性；坚固、耐用；产品对社会大环境应具有和谐、美化的作用。

电子消费产品同质化日趋严重，只关注产品性能的提升显然是不够的。电子产品的差异化和竞争力逐渐转移至工业设计和对消费者的体贴中。索尼正是凭借多年来一贯坚持高水准的工业设计，结合产品的高品质和服务的严要求，才在整个行业内始终保持着领先地位。索尼设计已经成为一种商业品牌，这种商业品牌为索尼公司确立了在电子界的龙头地位，索尼设计已经为索尼公司创下了一种无形而巨大的商业价值。

无论从历史的角度，还是从现实的角度，索尼在消费电子领域的成就都无可争议地称为工业设计领域的领航者。曾任董事长大贺典雄先生曾经指出："在索尼，我们假定竞争对手的所有产品与我们产品一样，都拥有相同的技术、价格、性能和特色。唯有设计是独有的，这是我们的产品区别于市场上其他产品的特点。"

6.4 世界著名工业设计奖项

6.4.1 德国iF

iF工业设计奖（iF Design Award）简称"iF"，创立于1953年，由德国汉诺威工业设计论坛（iF Industry Forum Design）每年定期举办。汉诺威工业设计论坛专注于追求工业设计的卓越，使工业经营更注重设计的重要性。

iF奖项以振兴工业设计为目的，提倡设计理念的创新，是全球公认最有影响力的设计大奖之一，被称为"工业设计界的奥斯卡奖"。企业和设计公司都将iF标志作为显示其产品和服务出色质量的保证，同时也是消费者选购产品时所考虑的重要内容。荣获iF大奖是企业重视创新和保证竞争优势的重要标志。iF与世界上最大的两个展览会——汉诺威信息技术及通信博览会和汉诺威工业博览会紧密相连，其常设性展示馆坐落于德国汉诺威国际展览场，得奖厂商在该展场将享有为期7个月的展出机会。

iF竞赛的类别覆盖范围广，其中包括：交通设计、休闲/生活方式、视听设备、电信、计算机、办公/商务、照明、家具/家用纺织品、厨房/家居、浴室/健身、建筑、公共设计/室内设计、医药/保健、工业/技术行业、特殊车辆/建造/农业技术、先进的研究，等等，如图6-26所示。

延续德国工业设计包豪斯学院的"形式追寻于功能"传统，iF奖项的评定着重于"产品整体质量"与"价值感"的均衡表现，除了功能性、便利性、创新度、生产质量与造型美感都需有一定水平外，iF设计奖更重视产品的设计能否为工业界指出未来发展趋势。

iF设计奖包括：产品设计奖（iF Product Design Award）、传达设计奖（iF Communication Design Award）、品牌设计奖（iF Brand Award）、材料奖（iF Material Award）和针对中国区域的中国设计大奖（iF Design Award China）。除此之外，还有三个专门为学生设计的奖项：产品设计概念奖（iF Concept Award Product）、传达设计概念奖（iF Concept Award Communication）和材料概念奖（iF Concept Award Material）。

图6-26 获得iF奖的华硕电脑

6.4.2 德国红点（red dot Award）

红点奖（red dot Award）源自德国，1955年，欧洲最富声望的德国北威州设计协会（Design Zentrum Nordrhein Westfalen）在德国埃森市（Essen）设立了红点奖，以"促进环境和人类和谐的设计"为理念，致力于将获奖的设计概念转化为商品，为获奖创意和商业化合作作桥梁。起初，它纯粹只是德国的奖项，近年来，红点奖的发展几经演变，由最初的为商业、政治、文化和公众的设计论坛转变为设计行业的商业推广机构，并于1992年正式定名为"红点奖"。现在它逐渐成长为国际知名的创意设计大奖（图6-27）。它与iF、IDEA并称世界三大顶级设计奖。每年，一些杰出的行业产品设计、传播设计和概念设计作品因达到设计品质的极高境界而被授予红点奖，红点设计奖强调产品的原始创意，获得红点设计大奖不仅仅代表产品的杰出设计品质在国际范围内得到确认，还意味着该产品获得了设计与商业范围内最大程度的接受。

红点奖由产品设计奖（red dot Product Design）、传播设计奖（red dot Communication Design）及设计概念奖（red dot Design Concept）三项组成。其中设计概念奖为2005年首创，面向广大的设计专业的学生、专业设计人士及公司，旨在将设计人士的创意发挥到最大限度，发掘优秀设计，发掘优秀设计人才，填补了设计奖中的一项空白。

红点设计奖类别全面，每年根据参赛质量颁发不同数量的红点奖。红点之星奖属于红点奖的终极奖，只有一个，代表着每年参赛作品中的最杰出设计概念。每年，只有红点优秀奖的获得者才有资格角逐这项终极大奖。

red dot Design Award

图6-27 德国红点设计奖

6.4.3 美国IDEA奖

美国IDEA奖全称是Industrial Design Excellence Awards，又被称为工业设计杰出奖，是由美国《商业周刊》主办、美国工业设计师协会（IDSA）担任评审的工业设计竞赛奖项。该奖项设立于1979年，主要是颁发给已经发售的产品，有工业界"奥斯卡"奖之称。每年由美国工业设计师协会从特定的工业领域选出顶级的产品设计，授予工业设计杰出奖（IDEA），并公布于当期的《商业周刊》杂志。IDEA自20世纪90年代以来在全世界极具影响，每年的评奖与颁奖活动不仅成为美国制造业彰显设计成果最重要的事件，而且对世界各国企业也产生了强大的吸引力。

IDEA的作品不仅包括工业产品，而且也包括包装、软件、展示设计、概念设计等9大类，47小类，评判标准主要有设计的创新性、对用户的价值、是否符合生态学原理、生产的环保性、适当的美观性和视觉上的吸引力，如图6-28所示。

6.4.4 日本G-Mark

日本G-Mark设计奖（Good Design Award）创办于1957年（图6-29），至今已有五十多年历史，该奖项的前身是优良设计选拔制度（Good Design Selection System），即G-Mark系统，由日本国际贸易及产业部举办，是世界最专业的产品设计评价奖项之一。1998年正式更名为优良设计奖（Good Design Award），由日本工业设计促进会主办。

图6-28 美国IDEA设计获奖作品——可乐回收筒

作为政府鼓励与促进企业由以往仿制欧美设计转向自主开发的最重要举措，G-Mark奖借鉴英、美的经验，成功地在日本企业中培育出了重设计、赛开发的精神与氛围，对推动日本制造业的整体设计水平提高产生了巨大作用。

图6-29 日本G-Mark设计奖

G-Mark主张设计不该只为市场营销与企业扩张服务，而是应该回归到关切使用者生活的原点，日本文化中讲求细致的态度，也是评选的重点。该奖项被认为是："高品质、高可用性、高稳定性"的产品评价，在产业与消费者之间建立了坚实的信用与信赖关系，评奖重点不只注重外形的美观，同时也顾及产品与设备的各种基本要求，公正地评选并表扬产业界产品的潜在设计能力。此外，在国外产品的加入与竞争下，这个奖项在促进国际和谐的层面上也扮演着相当重要的角色。

图6-30 获得G-Mark设计奖的明基产品

作为政府性的奖项，G-Mark设计奖主要的评选对象是日本国内的设计作品，其中又以工业产品设计为主（图6-30），之所以这样一个地区性的奖项能得到全世界的关注和重视，是因为G-Mark设计奖最初创办的目的是为了鼓励第二次世界大战后的日本企业自主创新、自主研发，为日本经济在20世纪末的腾飞起到了有力的支撑作用，G-Mark设计奖也借助众多优秀日本企业在全世界范围内的重要影响而蜚声海外。

6.5 主要设计网站

6.5.1 国内主要设计类网站

1. 设计在线：www.dolcn.com

设计在线始创于1997年，2000年8月1日正式启用国际域名：www.dolcn.com，2005年7月正式启用中文域名：设计在线.cn；设计在線cn；设计在线.中国。多年来，设计在线致力于推动中国设计产业的发展，现在已发展成为国内影响最大的设计专业网站群：中国工业

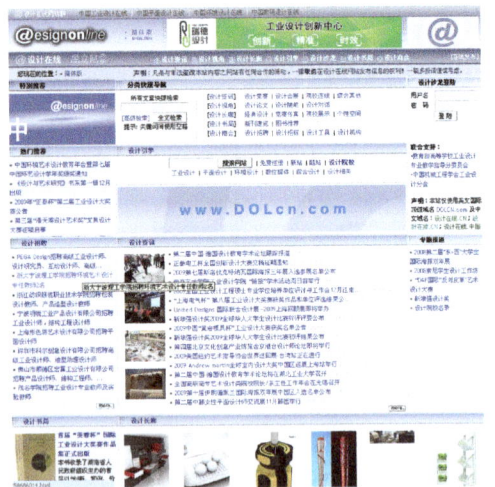

图6-31　设计在线

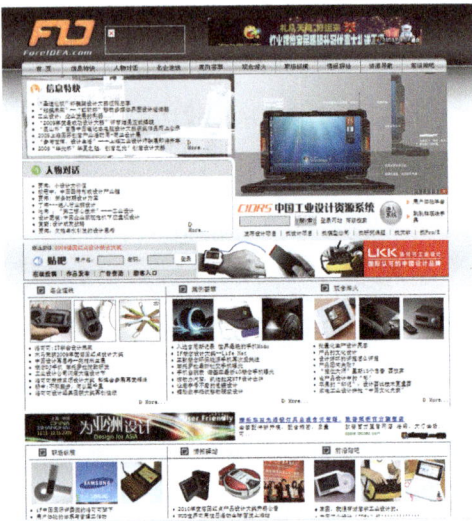

图6-32　设计前沿

图6-33　iD公社

设计在线、中国平面设计在线、中国环境设计在线、中国数码设计在线。设计在线网站现为教育部高等学校工业设计专业教学指导分委员会、中国机械工程学会工业设计分会唯一指定网站。

如图6-31所示，网站主要包括：

设计资讯——包括设计竞赛、设计会展、院校连线等。

设计视角——包括设计论文、设计随笔、设计对话等。

设计长廊——包括经典设计、竞赛传真、院校展示、个性空间等。

设计引擎——包括工业设环境设计、平面设计、数位媒体等。

设计书局——包括新刊速览、图书推荐。

设计商会——包括设计招聘、设计招标、设计工具、设计机构。

2. 设计前沿：www.foreidea.com

设计前沿是面向一线工业设计师的媒体式专业化网站，关注工业设计行业的发展状态，连接工业设计上下游资源，促进工业设计在整个产业价值链中贡献率的提升，促进跨领域跨产业的合作伙伴关系。这个平台建立起艺术与产业的纽带关系，为工业设计行业提供多元化的情报资讯，让设计美学融入日常生活中。

设计前沿建立于2003年，2004年12月推出英文版。目前设计前沿在北京、上海、深圳、长沙设有编辑群和联络人，并设有设计研究中心。

如图6-32所示，设计前沿目前拥有信息特快、人物对话、企业连线、案例荟萃、观念烽火、职场纵横、情报驿站、前沿贴吧等九个栏目，涉及工业设计的主要方面。

3. iD公社：www：hi-id.com

iD公社始创于2005年，是一个以"设计"为主题的博客。iD公社以"发现有意味的设计"为宗旨，以"灵感启迪，享受创意"为目标，为喜好工业设计者提供了一个选择。如图6-33所示，iD公社包含3C产品、DESIGN、设计师、家具、家居用品、建筑空间、日常用品、交通工具等板块，为广大设计人员和设计爱好者提供一个良好的网络平台。

第6章 工业设计资讯常识

6.5.2 国外主要设计类网站

1. 美国core77：www.core77.com

core77网站（图6-34）为美国工业设计机构主办，自1995年成立以来，core77网站为全球的工业设计从业人员服务，服务范围从学生到资深的工业设计专家。

core77包含了以下板块：设计类文章，图片浏览，推荐图书，设计竞赛、会议及展览相关日程统计，论坛，求职，设计公司，设计类学校等。core77通过设计竞赛、系列讲座及设计组织和展览，为广大设计人员和设计爱好者提供了一个良好的聚集地。

图6-34 www.core77.com

2. 美国设计管理协会（DMI）：dmi.org/dmi/html/index.htm

DMI网站是介绍美国设计管理协会相关信息的网站。美国设计管理协会于1975年在位于波士顿的麻省艺术学院成立。DMI网站关注职业人士的兴趣，其中包括求职、顾问、协会资源等，如图6-35所示。

3. 比利时Design Addict网站：www.designaddict.com

比利时的Design Addict网站成立于1998年，是国际领先的设计入口网站，目标群体是国际上专业设计人员及消费者。它在产品设计领域本身的成功，使其成为不可否认的国际领先的设计网站。如图6-36所示，网站包括：现代和后现代设计、设计师和制造商、虚拟展览、设计师访谈、论坛、设计新闻和赛事活动日程、在线设计杂志等板块。

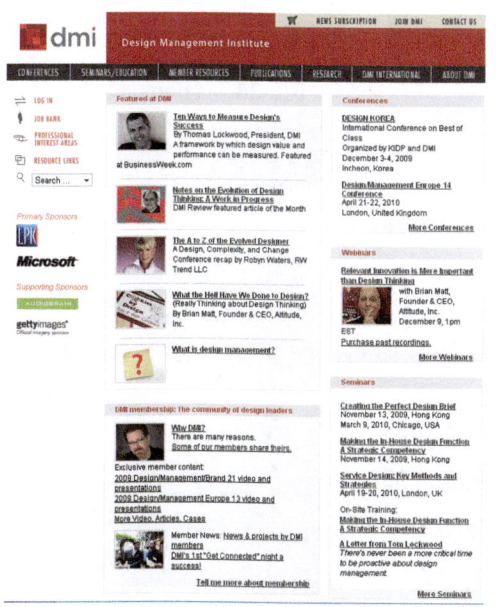

图6-35 美国设计管理协会

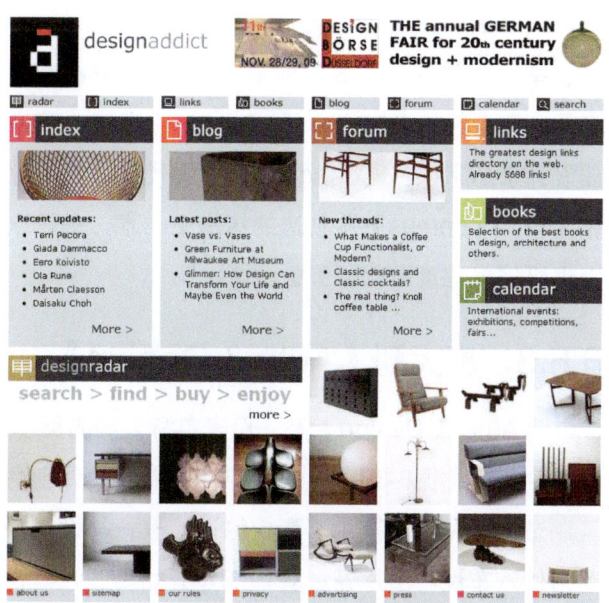

图6-36 Design Addict

6.6 主要设计杂志

6.6.1 德国《form》

《form》杂志（图6-37）来自德国，1957年创刊。以德文与英文对照印行，每期以一个封面主题来进行，譬如说颜色、造型风的实用家具、创意图像、运动服的设计款、沟通艺术的美学思想、概念/模型/原型、环保主题、网络游乐园、视觉化的音乐、艺术收藏的投资、包装的艺术、具有放大效果的设计、沟通式设计、建造具有设计感的城市等都曾经是封面主题。该杂志一切创意的发想来源都是基于生活上的需要与便利，并且以德国人务实又坚持的理念传达给读者。

图6-37 《form》杂志

6.6.2 意大利《domus》

意大利《domus》杂志（图6-38）是1928年由意大利建筑设计师吉奥·蓬蒂（Gio Ponti）创办的。经历了大半个世纪的历史、经济、社会文化的巨变，《domus》还是不断推陈出新。众所周知，意大利的设计大师们都有一个与众不同的特点就是对教学、研究，尤其是对办学术杂志的重视和热心。世界上名列前茅的设计类杂志，无论从专业水准的角度还是从受大众接受的程度上看，都产生在意大利，如《abitare》（建筑、室内、家具、工业设计杂志）、《casabella》（家居、家具、工业设计杂志）、《interni》（建筑、室内、家具、工业设计杂志）以及《ottagono》（现代设计与设计师杂志）。相比较，《domus》所创造的氛围更学术，书卷气更浓，内容上也更偏重建筑设计和工业设计。

图6-38 《domus》杂志

6.6.3 意大利《Auto & Design》

《Auto & Design》是一份来自意大利的英/意双语对照的双月刊杂志（图6-39），内容包括尖端的设计创意、领先的加工制造工艺和信息技术、高校的设计教育、设计师访谈和大量前沿的汽车设计图片等。从1979年开始专注汽车设计到现在，《Auto & Design》已经发展成汽车设计领域权威的杂志。

图6-39 《Auto & Design》杂志

第6章 工业设计资讯常识

《Auto & Design》每一期都会重点介绍当下最新发布的汽车的详细设计过程,包括设计师手绘的初始概念草图、计算机渲染效果、各种不同的比例模型和最终样车等。还有对设计师很重要的一点:在设计过程的介绍中,可以欣赏到很多汽车开发过程中没有被采用的设计稿,从中可以推想一些设计的趋势和细节选择问题。

6.6.4 日本《AXIS》

《AXIS》杂志(图6-40)是由日本出版发行的设计类杂志,英、日文对照,是一本介绍并评论当代设计的国际性杂志,内容包括对设计师和设计工作室的采访介绍、设计动向介绍及设计展览评论。《AXIS》如同设计生活科教书的翻版,以设计创造生活为宗旨,围绕三个中心进行内容组织:生活/思想创造生活、设计/整体性设计创造、概念/创意中心的成立。该杂志以独到的眼光和世界著名设计师的推荐为读者评选每年度最受瞩目的设计人,他们来自不同领域:建筑、产品、服装等。杂志内容包括:市场研究和战略规划、设计开发、广告及宣传推广销售、零售商店业务、设计资讯提供。

图6-40 《AXIS》杂志

6.6.5 我国《Design产品设计》

《Design产品设计》杂志(图6-41)是目前国内广泛发行的产品设计类杂志,栏目内容设置包括:设计/时尚、设计/生活、设计/科技、设计/搜索、设计/人物、设计/特别策划和设计/资讯等板块,提供最新鲜的设计资讯和引导一流的设计观念,关注世界品牌与设计师共同成功的理念和故事。《Design产品设计》坚持服务于中国产品设计界,以设计师、企业研发人员、企业管理人员、设计艺术爱好者为主要读者对象,传达最优秀的设计创意、品牌观念和生活风尚,提倡前沿的设计观念。

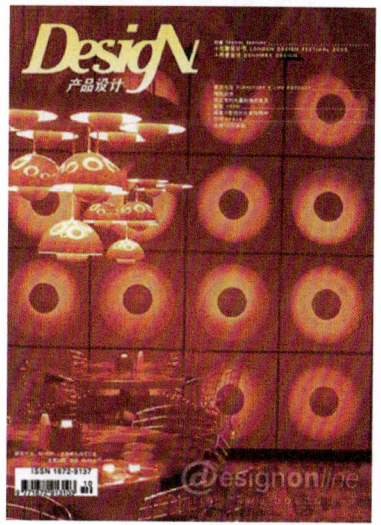

图6-41 《Design产品设计》杂志

参考文献

[1] 李砚祖.造物之美：产品设计的艺术与文化[M].北京：中国人民大学出版社，2003.

[2] 吴良镛.世纪之交的凝思：建筑学的未来[M].北京：清华大学出版社，1999.

[3] 马克思，恩格斯.马克思恩格斯选集[M].北京：人民出版社，1972.

[4] 李文.人口与经济可持续发展[D].北京：中国社会科学院研究生院，2002.

[5] 奥坎波.世界经济和社会概览[R].纽约：联合国经济和社会事务部，2007.

[6] 国家统计局人口和就业统计司.中国人口统计年鉴2007[M].北京：中国统计出版社，2008.

[7] 刘同福.中国式持续发展[M].北京：机械工业出版社，2007.

[8] 张道一.艺术学研究[M].南京：江苏美术出版社，1995.

[9] Victor Papanek.DESIGN FOR HUMAN SCALE[M].千叶：晶文社，1985.

[10] 张立宪.读库0803[M].北京：新星出版社，2008.

[11] 杨砾，徐立.人类理性与设计科学[M].沈阳：辽宁人民出版社，1988.

[12] 何人可.工业设计史[M].北京：高等教育出版社，2004.

[13] 王受之.世界现代设计史[M].北京：中国青年出版社，2002.

[14] 大卫·瑞兹曼.现代设计史[M].王栩宇，等译.北京：中国人民大学出版社，2007.

[15] 王效杰.工业设计：趋势与策略[M].北京：中国轻工业出版社，2009.

[16] 拉夫特里.产品设计工艺经典案例解析[M].刘硕，译.北京：中国青年出版社，2008.

[17] 刘永翔，蔡硕.计算机辅助产品造型设计[M].北京：机械工业出版社，2009.

[18] 赵江洪.人机工程学[M].北京：高等教育出版社，2006.

[19] 李乐山.工业设计心理学[M].北京：高等教育出版社，2004.

[20] 柳宗悦.工艺文化[M].南宁：广西师范大学出版社，2006.

[21] 原研哉.设计中的设计[M].济南：山东人民出版社，2006.

[22] 胡景初，方海，彭亮.世界现代家具发展史[M].北京：中央编译出版社，2008.

[23] 菲利普·科特勒，等.市场营销[M].俞利军，译.北京：华夏出版社，2003.

[24] 刘永翔.产品设计[M].北京：机械工业出版社，2008.

[25] 杨向东.产品系统设计[M].北京：高等教育出版社，2008.

[26] 花景勇.设计管理——企业的产品识别设计[M].北京：北京理工大学出版社，2007.

[27] 凯瑟琳·贝斯特.美国设计管理高级教程[M].宫力，等译.上海：上海人民美术出版社，2008.

[28] 杨明洁.以产品设计为核心的品牌战略[M].北京：北京理工大学出版社，2008.

[29] David M Anderson, B Joseph Pine II.21世纪企业竞争前沿大规模定制模式下的敏捷产品开发[M].冯涓,等译.北京:机械工业出版社,1999.

[30] 王受之.扫描与透析[M].北京:人民美术出版社,2001.

[31] 赵秀栩,梁婷,张幼林.中美工业设计专业课程设置及专业建设的比较分析[J].理工高教研究,2008(3):73-76.

[32] 齐春萍.关于理工科院校工业设计教育的思考[J].教育与职业,2009(12):115-116.

[33] 宗明明,常琦.欧洲工业设计教育概况[J].外国美术,2000(3):74-75.

[34] 徐邦耀.韩国工业设计纵横谈——访东西大学姜范圭教授[J].南京艺术学院学报,2008(1):141-143.

[35] 彭亮.世界著名设计大学的家具设计教育模式探讨(下)[J].家具与室内装饰,2003(6):70-72.